Diogenes Taschenbuch 20107

Wilhelm Busch
Gedichte

*Herausgegeben von
Friedrich Bohne*

Diogenes

Diese Ausgabe erscheint
in Zusammenarbeit mit der
Wilhelm Busch Gesellschaft,
Hannover

Alle Rechte vorbehalten
Copyright © 1974 by
Diogenes Verlag AG Zürich
60/87/29/8
ISBN 3 257 20107 9

Inhalt

Düsseldorf, Antwerpen, Jung-München,
  Fliegende Blätter, Dideldum! (1851–1874)   7
Kritik des Herzens (1874)   67
Gesammelte Gedichte (1876–1904)   111
Zu guter Letzt (1904)   153
Nachlese: Gelegenheitsgedichte, Sprüche, undatierte   233

Nachwort des Herausgebers   247
Anmerkungen   249
Register der Überschriften und Anfänge   254

Romanze
vom Ritter Ossa Sepia

»Ossa Sepia, Ossa Sepia,
Schlanker Ritter, kühn und ädel,
Hast in dem gelobten Lande
Du zerhaun viel Türkenschädel.«

Jetzo zieht er nach der Heimat,
Nach der Heimat geht sein Trachten;
Doch in Zons am grünen Rheine
Will der Ritter übernachten.

Hoch zu Roß mit seinen Knappen
Vor der Burg begehrt er Einlaß,
Und der Wächter auf der Zinnen
Denkt verwundert: Wer mag sein das?

Stößt ins Horn mit lautem Schallen,
Daß die alten Fenster zittern,
Fraget dann vom Turm herunter
Nach den Namen von den Rittern.

»Ossa Sepia, Ossa Sepia,
Schlanker Ritter, kühn und ädel,
Hat in dem gelobten Land zu
Brei zerhaun viel Türkenschädel.«

Und dem Burgherrn ist's verkündet,
Tor ist krachend aufgegangen,
In dem hohen Rittersaale
Hat der Burgherr ihn empfangen.

Ossa Sepia bei der Tafel
Kündet flammend seine Taten,
Und als gält es Türkenschädel
Haut er in den Schweinebraten.

In den Schweinebraten haut er,
Doch die schöne Kunigunde,
Kunigunde, die kredenzt den
Becher ihm mit höhnschem Munde.

Bleich erscheint der Ritter morgens. –
Sorglich tät der Burgherr fragen:
»Edler Ritter, sprecht, was fehlt Euch?«
»Bitte sehr, hat nichts zu sagen.«

Und dann setzt er sich zum Frühstück;
Mit gar kläglicher Tournüre.
Plötzlich: »Bitte um Entschuldgung!«
Ruft's, stürzt ängstlich aus der Türe.

Kommt er wieder, schaut er wirre
Auf zur schönen Kunigunde. –
Kunigunde doch kredenzt den
Becher ihm mit höhnschem Munde.

Boshaft lachend denkt das Fräulein:
»Schlanker Ritter, kühn und ädel,
Hast in dem gelobten Lande
Wohl zerhaun viel Türkenschädel.

Traun, du liebst mich wohl?« so denkt die
Schöne, stolze Kunigunde;
Kunigunde, die den Becher
Ihm kredenzt mit höhnschem Munde.

Ossa Sepia, Ossa Sepia,
Wie so bleich ziehst du von hinnen.
Kunigunde, Kunigunde
Stehet stolz auf Turmes Zinnen.

Vor dem Burgtor läßt er halten.
Kläglich zieht er aus der Tasche –
Himmel, will er sich vergiften! –
Eine kleine, runde Flasche.

Ha! Er trinkt! Er fährt zusammen!
Reibt den Magen!! Sieht gen Himmel!!!
»Wahrlich«, spricht er, »ich muß sagen,
Das ist ganz famoser Kümmel!!

Jetzo, denk ich, wird es besser.
Auf, ihr Knappen, rasch von hinnen!«
Spricht's und sprengt davon. – Verwundert
Steht das Fräulein auf der Zinnen.

*

Sommer. Sonntag. Sonnenschein.
Blühende Kirchhofslinde
Nickt durchs zerbrochene Fenster hinein
Der Kirche im Morgenwinde.

Vogel fliegt dort ein und aus
Friedlich am Sonntagmorgen,
Oben im stillen Gotteshaus
Glaubt er sein Nest geborgen.

Kirche. Orgel und Choral.
Warm ist's im Kirchenraume;
Dorfes Mütterchen allzumal
Nicken behaglich im Traume.

Still Gesang. Das Wort beginnt:
»Gott kommt in Strafgewittern«;
Worte so da geschrieben sind:
»Heulen und Kniezittern«.

Jeder Schläfer fährt so bang
Auf aus behaglichem Traume. –
Doch der Vogel, der Vogel sang
Laut ein Lied in dem Raume.

War ein Lied vom Sonnenschein,
Frühling und Frühlingstriebe;
War ein Lied so hell und rein:
Frühling und Gottes Liebe!

»Dummen Vogels dummes Lied«,
Dachte der Küster verdrossen. –
Als er, der letzte, die Kirche mied,
Hat er das Nest zerstoßen.

Ängstlich flattert das Vögelein
In der blühenden Linde,
Die da nickt zum Fenster hinein
Der Kirche im Morgenwinde.

Das Glöcklein im Walde

Ein Kirchlein steht im Waldrevier,
Da klingt ein Glöcklein für und für,
Das Glöcklein läutet bim, bim!

Ein Knabe und ein Mägdelein,
Die wandeln da im Abendschein,
Im Frühlingswinde rauscht der Baum,
Die zwei, sie wandeln wie im Traum.
Das Glöcklein läutet bim, bim!

Der Knabe sprach: »O Mägdlein lieb!
Warum bist du so still und trüb?«
Das Glöcklein läutet bim, bim!

Die Maid, sie sprach: »Ich bin so stumm
Und weiß doch selber nicht warum.
Mein Herz, das klopft und will nicht ruhn,
Als sollt ich etwas Böses tun,

Und ist mir wieder doch so wohl,
So wonniglich, so ahnungsvoll!
Bald möcht ich dies, bald möcht ich das,
Ich möchte wohl und – weiß nicht was.«
Das Glöcklein läutet bem, bem!

Der Knabe zu derselben Stund,
Der küßt die Maid wohl auf den Mund;
Das Glöcklein läutet bem, bem!

Im Abendwinde rauscht der Baum,
Die zwei, sie wandeln wie im Traum,
Das Gras ist grün, der Wald ist dicht,
Ich *sah* die zwei – und *seh* sie nicht.
Das Glöcklein läutet bum, bum!

Das Glöcklein klingt bald dumpf, bald klar,
So lieb, so süß, so wunderbar,
Bim bim, bem bem, bum bum!

Für einen Porträtmaler
(zu singen)

Die gnädige Frau, die alte,
Die hab ich konterfeit,
Sie hatte manche Falte,
Drob war sie nicht erfreut.

Die Falten und die Runzeln
Die malt ich nimmermehr,
Drob tät sie gnädig schmunzeln,
Das freut die Alte sehr.

Sie hatte viele Pocken –
Ich fand den Teint so klar,
Sie hatte falsche Locken –
Ich lobt ihr schönes Haar.

An ihrer roten Nase
Pries ich den feinen Ton,
Denn jede schöne Phrase
Die findet ihren Lohn.

Die Alte fand geraten
Ihr gnädig Konterfei,
Sie zahlt mir zehn Dukaten,
Weil's gar so ähnlich sei.

Stiftungslied

Reicht den Becher in die Runde!
Freudig preisen wir die Stunde,
Wo wir uns aus fernen Landen
Brüderlich zusammenfanden
Zu dem schönsten Jugendbunde.

Alter Neid, der uns verblieben,
Alter Haß, er sei vertrieben.
Wer da haßt, der lebt vergebens,
Denn die Summe unsres Lebens
Sind die Stunden, wo wir lieben.

Wo wir irren, wo wir fehlen,
Wollen wir uns nicht verhehlen,
Aber heimlich und im Rücken
Der Verleumdung Dolch zu zücken,
Bleibe den gemeinen Seelen.

Was wir denken, was wir streben,
Was wir lieben und erleben,
Sei vereint in diesen Stunden
Doppelt schön von uns empfunden,
Unsre Herzen zu erheben.

Dieser Geist, der uns durchdrungen,
Lebe frisch und unbezwungen
Immer fort in diesen Hallen,
Wenn wir längst in Staub zerfallen
Und dies Lied schon längst verklungen.

Lied eines versimpelten Junggesellen

Keine Frau befiehlt ihm was,
Hindert ihn durch dies und das,
Und er sorgt für sich allein –
Schön ist's, Junggeselle sein!

Mancherlei gibt's Zeitvertreib
Auf den Gassen, in der Kneip',
Auch gefäll'ge Mägdelein –
Schön ist's, Junggeselle sein!

Sitzt er abends lang beim Bier,
Schilt ihn nicht die Frau dafür,
Darum schenkt noch einmal ein –
Schön ist's, Junggeselle sein!

Geht er endlich selig fort,
Winket Ruh im Bette dort,
Ei wie gut schläft's sich allein –
Schön ist's, Junggeselle sein!

Wenn er morgens schlafen will,
Störet ihn kein Kindsgebrüll,
Keine Frau red't ihm was drein –
Schön ist's, Junggeselle sein!

Zieht ein frisches Hemd er an,
Fehlt gar oft ein Knopf daran,
Fröhlich näht er ihn dann ein –
Schön ist's, Junggeselle sein!

Und noch manche andre Freud
Sich der Junggesell bereit't,
Auch geht er mitunter ein –
Schön ist's, Junggeselle sein!

Harmlos lebt er so dahin
Und versimpelt oft im Sinn;
Manchmal ist er auch ein Schwein –
Schön ist's, Junggeselle sein!

Heut stolziert er auf und ab,
Morgen scheißt der Hund aufs Grab,
Dies ist dann sein Leichenstein –
Schön ist's, Junggeselle sein!

Seelenwanderung

Der dicke Kämmrer in Ägyptenland
War weit und breit als Grobian bekannt;
Bekannt als größter Tier- und Menschenschinder;
Er schlug sein Weib und seine kleinen Kinder,
Er schlug mit seinem Rohr die alten braven
Kamele und die schwarzen Mohrensklaven;
Und als er sie geschlagen manchen Tag,
Da traf ihn eines Tages selbst der Schlag. –

Er starb. – Da tönt des Schicksals Donnerwort:
»Die Seele wandre durch Kamele fort
Und komme nicht zur Ruh im selgen Land,
Bis sie das größte der Kamele fand!!« –

Im ersten Schrecken fuhr des Kämmrers Seele
In eines seiner eignen Leibkamele;
Die Kinder ritten ihn, die eignen Fraun,
Er ward von eignen Sklaven oft gehaun,
Und endlich unterlag er seinen Leiden. –

Die arme Seele muß von hinnen scheiden;
Sie fuhr entsetzt davon und fuhr und flog
In ein Kamel, das durch die Wüste zog.
Die Sonne brennt, es weht der heiße Smum,
Vor Hitze kommen fast die Leute um.
Da schneidet dem Kamel man auf den Bauch
Und zieht hervor den großen Wasserschlauch;
Die Karawane trinkt, der Durst war groß,
Und wieder ist die Seele obdachlos;
Und wieder muß die arme Seele wandern
Durch ein Kamel hinaus, hinein zum andern,
Und findet nicht das größte der Kamele.
Vergebens wandert die geplagte Seele
In das Kamel, das den Propheten trug;
Auch dies sogar war noch nicht groß genug. –

Da ist sie einst nach manchen tausend Jahren
Zu Turkestan in ein Kamel gefahren,
Das man als größtes, das man jemals fand,
Herüber brachte in den Zollverband.
Man zeigt es in den Buden, in den Gassen,
Es mußte sich geduldig schinden lassen
Und starb zuletzt von allzuvielem Schinden. –
Wo soll die Seele noch ein größres finden? –

Ein Hofrat stand dabei. – Als blauer Rauch
Fuhr ihm die arme Seele in den Bauch;
Da griff er schnell zu Feder und Papiere
Und schrieb ein Buch zum Schutz der lieben Tiere. –

Der Hofrat starb. – – Ersehnte Ruhe fand
Des Kämmrers Seele aus Ägypterland.

Wie St. Korbinianus nach Jerusalem wallfahrten ging

Der heilge Korbinianus, das weiß ein jeder wohl,
Das war ein frommer Heilger im heilgen Land Tirol.

Der heilge Korbinianus nahm seinen Pilgerstab
Und schnürte seinen Ranzen zur Fahrt ans heilge Grab.

Ans heilge Grab zu fahren bis nach Jerusalem,
Das ist auch ohne Ranzen schon so recht unbequem.

Der heilge Korbinianus, der war gar fromm und klug,
Er kauft sich einen Esel, der ihm den Ranzen trug.

Und zogen so selbander des Weges allgemach,
Der Heilige hervorne, der Esel hinten nach.

Und als sie eine Weile gezogen, da – o Graus! –
Da kroch aus seinem Loche ein Zottelbär heraus.

St. Korbinianus betet; der Esel aber schrie:
»Yah, Yah, zu Hilfe! Mich frißt das Bärenvieh!«

Und ehe Korbinianus des Dinges sich versah,
Lag von dem ganzen Esel nur noch der Ranzen da. –

Der heilge Korbinianus, der war sehr kummervoll,
Daß er nun selber wieder den Ranzen tragen soll. –

»In aller Heilgen Namen!« St. Korbinianus schrie,
»Jetzt trägst du meinen Ranzen, du dickes Teufelsvieh!«

Der Bär, gar sehr verdrießlich, erhob ein groß Gebrumm,
Derweilen Korbinianus ihm schnallt den Ranzen um.

Und mußt es auch noch leiden, daß sich zu guter Letzt
Der heilge Korbinianus zu seinem Ranzen setzt.

Der Heilge und der Ranzen, die machten sich's bequem,
Sie ritten auf dem Bären bis nach Jerusalem.

Und als St. Korbinianus das heilge Grab ersah,
Da waren, ach herjerum! sehr viele Türken da.

»Mein lieber Bär, nun fange sogleich zu tanzen an,
Daß ich am heilgen Grabe geruhig beten kann.«

Der Bär fing an zu tanzen, den Türken zum Pläsier:
»O jekel! Allah, Allah! Welch ein gespaßig Tier!«

Da nahm St. Korbinianus vom Kreuz ein gutes Trumm
Und packt es auf den Bären und – kehrte wieder um.

Und als sie wieder kamen ins fromme Land Tirol,
Da sprach St. Korbinianus: »Mein lieber Bär, leb wohl!«

Der Bär, der lief gar schnelle und brummte vor sich her:
»Ich kümmre mich im Leben um keinen Esel mehr.«

Liebesglut

1.

Sie liebt mich nicht. Nun brennt mein Herz
Ganz lichterloh vor Liebesschmerz,
Vor Liebesschmerz ganz lichterloh
Als wie gedörrtes Haferstroh.

Und von dem Feuer steigt der Rauch
Mir unaufhaltsam in das Aug,
Daß ich vor Schmerz und vor Verdruß
Viel tausend Tränen weinen muß.

Ach Gott! Nicht lang ertrag ich's mehr! –
Reicht mir doch Feuerkübel her;
Die füll ich bald mit Tränen an,
Daß ich das Feuer löschen kann.

2.

Seitdem du mich so stolz verschmäht,
Härmt ich mich ab von früh bis spät,
So daß mein Herz bei Nacht und Tag
Als wie auf heißen Kohlen lag.

Und war es dir nicht heiß genug,
Das Herz, das ich im Busen trug,
So nimm es denn zu dieser Frist,
Wenn dir's gebacken lieber ist!

Lieder eines Lumpen

I.

Als ich ein kleiner Bube war,
Da war ich schon ein Lump;
Zigarren raucht ich heimlich schon,
Trank auch schon Bier auf Pump.

Zur Hose hing das Hemd heraus,
Die Stiefel lief ich krumm,
Und statt zur Schule hinzugehn,
Strich ich im Wald herum.

Wie hab ich's doch seit jener Zeit
So herrlich weit gebracht!! —
Die Zeit hat aus dem kleinen Lump
'n großen Lump gemacht.

II.

Der Mond und all die Sterne
Die scheinen in der Nacht,
Hinwiederum die Sonne
Bei Tag am Himmel lacht.

Mit Sonne, Mond und Sternen
Bin ich schon lang vertraut,
Sie scheinen durch den Ärmel
Mir auf die bloße Haut.

Und was ich längst vermutet,
Das wird am Ende wahr:
Ich krieg am Ellenbogen
Noch Sommersprossen gar.

III.

Ich hatt' einmal 'n Gulden. –
Da dacht ich hin und her,
Wie wohl der schöne Gulden
Am besten zu brauchen wär.

Ich dacht an meine Schulden,
Ich dacht ans Liebchen mein,
Ich dacht auch ans Studieren,
Das fiel zuletzt mir ein.

Zum Lesen und Studieren
Da muß man Bücher han,
Und jeder Manichäer
Ist auch ein Grobian.

Und obendrein das Liebchen,
Das Liebchen fromm und gut,
Das quälte mich schon lange
Um einen neuen Hut.

Was sollt ich Ärmster machen?
Ich wußt nicht aus noch ein. –
Im Wirtshaus an der Brucken
Da schenkt man guten Wein.

Im Wirtshaus an der Brucken
Saß ich den ganzen Tag.
Ich saß wohl bis zum Abend
Und sann dem Dinge nach.

Im Wirtshaus an der Brucken,
Da wird der Dümmste klug.
Des Nachts um halber zwölfe
Da war ich klug genug.

Des Nachts um halber zwölfe
Hub ich mich von der Bank
Und zahlte meine Zeche
Mit einem Gulden blank.

Ich zahlte meine Zeche,
Da war mein Beutel leer. –
Ich hatt' einmal 'n Gulden.
Den hab ich jetzt nicht mehr.

IV.

Im Karneval da hab ich mich
Recht wohlfeil amüsiert,
Denn von Natur war ich ja schon
Fürtrefflich kostümiert.

Bei Maskeraden konnt ich so
Passieren frank und frei;
Man meinte am Entree, daß ich
Charaktermaske sei.

Recht unverschämt war ich dazu
Noch gegen jedermann,
Und hab aus manchem fremden Glas
Manch tiefen Zug getan.

Darüber freuten sich die Leut
Und haben recht gelacht,
Daß ich den echten Lumpen so
Natürlich nachgemacht.

Nur einem groben Kupferschmied,
Dem macht es kein Pläsier,
Daß ich aus seinem Glase trank – –
Er warf mich vor die Tür.

v.

Von einer alten Tante
Ward ich recht schön bedacht.
Sie hat fünfhundert Gulden
Beim Sterben mir vermacht.

Die gute alte Tante!! –
Fürwahr! Ich wünschte sehr,
Ich hätt noch mehr der Tanten
Und – hätt' sie bald nicht mehr.

vi.

Ich bin einmal hinausspaziert,
Hinaus wohl vor die Stadt,
Da kam es, daß ein Mädchen mir
Mein Herz gestohlen hat.

Ihr Aug war blau, ihr Mund war rot,
Blondlockig war ihr Haar. –
Mir tat's in tiefster Seele weh,
Daß solch ein Lump ich war.

vii.

Sejt ich das liebe Mädchen sah,
War ich wie umgewandt,
Es hätte mich mein bester Freund
Wahrhaftig nicht gekannt.

Ich trug fürwahr Glacéhandschuh,
Glanzstiefel, chapeau claque.
Vom feinsten Schnitt war das Gilet
Und magnifique der Frack.

Vom Fuße war ich bis zum Kopf
Ein Stutzer comme il faut,
Ich war, was mancher andre ist —
Ein Lump inkognito.

VIII.

Was tat ich ihr zuliebe nicht?! —
Zum ersten Mal im Leben
Hab ich mich neulich ihr zulieb
Auf einen Ball begeben.

Sie sah wie eine Blume aus
In ihrer Krinolinen,
Ich bin als schwarzer Käfer mir
In meinem Frack erschienen.

Für einen Käfer — welche Lust!
An einer Blume baumeln.
Für mich — welch Glück! an ihrer Brust
Im Tanz dahinzutaumeln.

Doch ach! mein schönes Käferglück
Das war von kurzer Dauer;
Ein kläglich schnödes Mißgeschick
Lag heimlich auf der Lauer.

Denn, weiß der Teufel, wie's geschah —
Es war so glatt im Saale — —
Ich rutschte — und so lag ich da
Rumbums! mit einem Male.

An ihrem seidenen Gewand
Dacht ich mich noch zu halten —
Ritsch ratsch! da hielt ich in der Hand
Ein halbes Dutzend Falten.

Sie floh entsetzt. – Ich armer Tropf,
Ich meint, ich müßt versinken.
Ich kratzte mir beschämt den Kopf
Und tät beiseite hinken.

IX.

Den ganzen noblen Plunder soll,
Den soll der Teufel holen! –
Ein Leutnant von der Garde hat
Mein Liebchen mir gestohlen.

Du neuer Hut, du neuer Frack!
Ihr müßt ins Pfandhaus wandern!
Ich selber sitz im Wirtshaus nun
Von einem Tag zum andern.

Ich sitz und trinke aus Verdruß
Und Ärger manchen Humpen. –
Die Lieb, die mich solid gemacht,
Die macht mich nun zum Lumpen.

Und wem das Lied gefallen hat,
Der lasse sich nicht lumpen –
Der mög dem Lumpen, der es sang,
Zum Dank 'n Gulden pumpen.

Schreckliche Folgen eines Bleistifts
Ballade

I.

O Madrid, ich muß dich hassen,
Denn du hast ihn schnöd verkannt,
Den Murillo seinen besten
Schüler stets mit Stolz genannt.

Keiner hatte wie Pedrillo
Dieses lange Lockenspiel,
Keiner trug Hispaniens Mantel
Mit so vielem Kunstgefühl;

Keiner wiegte auf dem Haupte
Solchen hohen, spitzen Hut,
Und das edle Bleistiftspitzen
Konnt er aus dem Grunde gut.

Meistens nahm er Nro. 7
Und mit kunstgeübter Hand
Spitzt er ihn an beiden Enden,
Weil er dieses praktisch fand.

Einstmals merkte dies Murillo
Und er sprach mit ernstem Ton:
»Was ich eben da bemerke,
Das gefällt mir nicht, mein Sohn;

Denn ich glaube, daß du hierin
Sehr auf falschem Wege bist,
Weil es erstens sehr gefährlich,
Zweitens auch nicht nötig ist.«

Doch Pedrillo (wie gewöhnlich
Diese jungen Leute sind)
Schlug Murillos weise Lehre
Lirum Larum! in den Wind.

2.

Übrigens (das muß man sagen)
Was die edle Kunst betraf,
Überhaupt in seinem Fache,
War Pedrillo wirklich brav.

So z. B. die Madonna;
Ja, wer hätte das gedacht?
Selbst der große Don Murillo
Hätte Beßres nicht gemacht.

Aber so was kostet Mühe
Und es kostet auch noch Geld,
Denn Pedrillo hatte häufig
Sich dazu Modell bestellt.

Sie war eine Schneiderstochter
Aus der Vorstadt von Madrid,
Schwarze Augen, blonde Flechten
Brachte dieses Mädchen mit.

Als Pedrillo nun gemalet
Dieses Mädchen als Porträt,
War der große Don Murillo
Auch nicht ungern in der Näh.

Früh vom Morgen bis zum Abend
Unterweist der Meister ihn,
Und Pedrillo folgte willig
Stets mit eifrigem Bemühn.

Aber abends, wo ein jeder
Gerne seine Ruhe hat,
Führt' Pedrillo jenes Mädchen
Oft spazieren vor die Stadt.

Einstmals merkte dies Murillo
Und er sprach mit ernstem Ton:
»Was ich eben da bemerke,
Das gefällt mir nicht, mein Sohn;

Denn ich glaube, daß du hierin
Sehr auf falschem Wege bist,
Weil es erstens sehr gefährlich,
Zweitens auch nicht nötig ist.«

Doch Pedrillo (wie gewöhnlich
Diese jungen Leute sind)
Schlug Murillos weise Lehre
Lirum Larum! in den Wind.

3.

Schon am nächsten Donnerstage,
Als ein schöner Abend war,
Sah man draußen vor dem Tore
Dieses pflichtvergeßne Paar.

Zu dem dort'gen Myrtenhaine
Gingen sie im Mondeslicht,
Aber keiner sah sie wieder,
Wenigstens lebendig nicht.

Denn es sprach zu ihr Pedrillo:
»Sprich, Geliebte, liebst du mich?«
Und sie preßt ihn an den Busen,
Sprechend: »Ja, ich liebe dich!«

»Au!« schrie plötzlich da Pedrillo,
Und das Mädchen schrie es auch;
Tödlich fielen beide nieder
Unter einem Myrtenstrauch.

Keiner wußte, was geschehen,
Bis des Morgens in der Früh;
Denn da kam ein alter Klausner
Durch den Wald und merkte sie.

Und als er die beiden Leichen
In der Nähe sich besah,
Fand er alles sehr natürlich,
Denn, ach Gott! was fand er da?

Ach! ein Bleistift Nro. 7,
Den Pedrillo zugespitzt,
Zugespitzt an beiden Enden,
Hatte dieses Blut verspritzt.

Als Murillo dies vernommen,
Sprach er sanft und weinte sehr:
»Ach! o Jüngling, spitze niemals
Einen harten Bleistift mehr!

Führe Mädchen nie spazieren,
Denn dies Beispiel zeigt es klar,
Daß es erstens sehr gefährlich,
Zweitens auch nicht nötig war.«

Trauriges Resultat
einer vernachlässigten Erziehung

Ach, wie oft kommt uns zu Ohren,
Daß ein Mensch was Böses tat,
Was man sehr begreiflich findet,
Wenn man etwas Bildung hat.

Manche Eltern sieht man lesen
In der Zeitung früh bis spät;
Aber was will dies bedeuten,
Wenn man nicht zur Kirche geht?

Denn man braucht nur zu bemerken,
Wie ein solches Ehepaar
Oft sein eignes Kind erziehet,
Ach, das ist ja schauderbar!

Ja, zum Instheatergehen,
Ja, zu so was hat man Zeit,
Abgesehn von andren Dingen,
Aber wo ist Frömmigkeit?

Zum Exempel, die Familie,
Die sich Johann Kolbe schrieb,
Hatt' es selbst sich zuzuschreiben,
Daß sie nicht lebendig blieb.

Einen Fritz von sieben Jahren
Hatten diese Leute bloß,
Außerdem, obschon vermögend,
Waren sie ganz kinderlos.

Nun wird mancher wohl sich denken:
Fritz wird gut erzogen sein,
Weil ein Privatier sein Vater;
Doch da tönt es leider: Nein!

Alles konnte Fritzchen kriegen,
Wenn er seine Eltern bat,
Äpfel-, Birnen-, Zwetschgenkuchen,
Aber niemals guten Rat.

Das bewies der Schneider Böckel,
Wohnhaft Nummer 5 am Eck;
Kaum, daß dieser Herr sich zeigte,
Gleich schrie Fritzchen: »Meck, meck, meck!«

Oftmals, weil ihn dieses kränkte,
Kam er und beklagte sich,
Aber Fritzchens Vater sagte:
Dieses wäre lächerlich.

Wozu aber soll das führen,
Ganz besonders in der Stadt,
Wenn ein Kind von seinen Eltern
Weiter nichts gelernet hat?

So was nimmt kein gutes Ende. –
Fast verging ein ganzes Jahr,
Bis der Zorn in diesem Schneider
Eine schwarze Tat gebar.

Unter Vorwand eines Kuchens
Lockt er Fritzchen in sein Haus,
Und mit einer großen Schere
Bläst er ihm das Leben aus.

Kaum hat Böckel dies verbrochen,
Als es ihn auch schon scheniert,
Darum nimmt er Fritzchens Kleider,
Welche grün und blau kariert.

Fritzchen wirft er schnell ins Wasser,
Daß es einen Plumpser tut,
Kehrt beruhigt dann nach Hause,
Denkend: »So, das wäre gut!«

Ja, es setzte dieser Schneider
An die Arbeit sich sogar,
Welche eines Tandlers Hose
Und auch sehr zerrissen war.

Dazu nahm er Fritzchens Kleider,
Weil er denkt: »Dich krieg ich schon!«
Aber ach, ihr armen Eltern,
Wo ist Fritzchen, euer Sohn?

In der Küche steht die Mutter,
Wo sie einen Fisch entleibt,
Und sie macht sich große Sorge,
Wo nur Fritzchen heute bleibt?

Als sie nun den Fisch aufschneidet,
Da war Fritz in dessen Bauch. –
Tot fiel sie ins Küchenmesser,
Fritzchen! war ihr letzter Hauch.

Wie erschrak der arme Vater,
Der grad eine Prise nahm;
Heftig fängt er an zu niesen,
Welches sonst nur selten kam.

Stolpern und durchs Fenster stürzen,
Ach, wie bald ist das geschehn!
Ach, und Fritzchens alte Tante
Muß auch grad vorübergehn.

Dieser fällt man auf den Nacken,
Knacks! da haben wir es schon!
Beiden teuren Anverwandten
Ist die Seele sanft entflohn.

Drob erstaunten viele Leute,
Und man munkelt allerlei,
Doch den wahren Grund der Sache
Fand die wackre Polizei.

Nämlich eins war gleich verdächtig:
Fritz hat keine Kleider an!
Und wie wäre so was möglich,
Wenn es dieser Fisch getan?

Lange fand man keinen Täter,
Bis man einen Tandler fing,
Der, es war ganz kurz nach Ostern,
Eben in die Kirche ging.

Ein Gendarm, der auf der Lauer,
Hatte nämlich gleich verspürt,
Daß die Hose dieses Tandlers
Hinten grün und blau kariert.

Und es war ein dumpf Gemurmel
Bei den Leuten in der Stadt,
Daß 'ne schwarze Tandlerseele
Dieses Kind geschlachtet hat.

Hochentzücket führt den Tandler
Man zur Exekution;
Zwar er will noch immer mucksen,
Aber wupp! da hängt er schon.

Nun wird mancher hier wohl fragen:
Wo bleibt die Gerechtigkeit?
Denn dem Schneidermeister Böckel
Tut bis jetzt man nichts zuleid.

Aber in der Westentasche
Des verstorbnen Tandlers fand
Man die Quittung seiner Hose
Und von Böckels eigner Hand.

Als man diese durchgelesen,
Schöpfte man sogleich Verdacht,
Und man sprach zu den Gendarmen:
Kinder, habt auf Böckel acht!

Einst geht Böckel in die Kirche.
Plötzlich fällt er um vor Schreck,
Denn ganz dicht an seinem Rücken
Schreit man plötzlich: »Meck, meck, meck!«

Dies geschah von einer Ziege,
Doch für Böckel war's genug,
Daß sein schuldiges Gewissen
Ihn damit zu Boden schlug.

Ein Gendarm, der dies verspürte,
Kam aus dem Versteck herfür,
Und zu Böckel hingewendet
Sprach er: »Böckel geh mit mir!«

Kaum noch zählt man 14 Tage,
Als man schon das Urteil spricht:
Böckel sei aufs Rad zu flechten.
Aber Böckel liebt dies nicht.

Ach! die große Schneiderschere
Ließ man leider ihm, und Schnapp!
Schnitt er sich mit eignen Händen
Seinen Lebensfaden ab.

Ja, so geht es bösen Menschen.
Schließlich kriegt man seinen Lohn.
Darum, o ihr lieben Eltern,
Gebt doch acht auf euern Sohn!

Die Mohrenträne

Don Rodrigo, Don Rodrigo,
Kühnster aller Kavaliere,
Die auf hohem Rosse kamen
Zu Sevillas Festturniere,

Sprich, Rodrigo, stolzer Degen!
Was soll deiner Augen Glühen,
Und was soll der dunklen Brauen
Sturmumwölktes Faltenziehen?

Und er fluchte: »Donna Clara!
Donna Clara!« flucht' er wütend
Und verschwand in seinem Zelte,
Dunkel, einsam, unheilbrütend.

Aber draußen vor dem Zelte
Wacht der alte, treue, brave,
Vielerprobte, oftgebläute,
Schwarzverpichte Mohrensklave.

Seine Lippen, fest geschlossen,
Bergen die demantnen Zähne,
Und es rinnt von seinem Auge
Eine dicke Mohrenträne.

»Molo, du mein schwarzer Sklave,
Sklave aus dem Mohrenlande,
Eile flugs zum Bärenwirte
An Sevillas Mauerrande!

Bringe mir vom Allerbesten,
Mir das Herz daran zu letzen,
Denn was Lieb an mir verbrochen,
Soll der Wein mir nun ersetzen!

Eine Flasche, Donna Clara,
Von dem allerbesten Fasse,
Eine trank ich unsrer Liebe,
Zehne trink ich unserm Hasse!«

Und es rennt der schwarze Sklave
Und er bringt der Flaschen zehne,
Und es rinnt von seinem Auge
Eine dicke Mohrenträne.

»Armer Molo, schwarzer Molo,
Weine nur, o Molo, weine!
Eine Flasche trank Rodrigo,
Und er trank sie ganz alleine.

Eine Flasche trank Rodrigo,
Und er trank sie seiner Liebe,
Und du kriegtest für gewöhnlich
Einmal nur des Tages Hiebe.

Zehne trinkt er seinem Hasse –
Weine nur, o Molo, weine! –
Jetzt bekommst du zehnmal Hiebe,
Und du kriegst sie ganz alleine.«

Also spricht der schwarze Sklave,
Spricht's durch seine weißen Zähne,
Und es rinnt von seinem Auge
Eine dicke Mohrenträne.

Der Geigenseppel

*Eine kleine Historie in Reimen,
für die reifere Jugend zur Warnung und Belehrung,
den alten Sündern zur Buße und Bekehrung.*

»Ja ja!« sprach meine alte Base
Und kratzte sich bedenklich an der langen Nase,
»Ja ja! So ist es! – Bei Musik und Tanz
Da wedelt der Teufel vergnüglich mit dem Schwanz.
Drum geht denn auch bei solchem Teufelsspaß
Ein frommer Christ abseit und denkt sich dies und das
Und freut sich als ein frommer Christ,
Daß der andre allein des Teufels ist. –
Ja, merk nur auf und lache nicht
Und hör vom Geigenseppel die Geschicht. –

Der Geigenseppel war ein lustig Haus,
Lebt in Saus und Braus jahrein jahraus
Und zog als Spielmann von Ort zu Ort;
Bald geigt er hier, bald trank er dort.

So geigt er auch einmal beim Kirchweihfest
Von früh bis spät aufs allerbest
Und trank dazu des Weins genug,
Bis daß die Glocke zwölfe schlug;
Nachdem so trank er *noch* ein Glas
Und zog dann seine Straße fürbaß.

Der Geigenseppel kam alsbald
In einen Wald,
Der war so dicht,
Man sah den Mond und die Sterne nicht;
Auch munkelte man so allerlei,
daß es da drinnen gar nicht eben geheuer sei.

Ein Weilchen ging nun das Ding recht gut.
Der Geigenseppel trabte mit gutem Mut
Durch dick und dünn, über Stein und Stock;

Hier faßt ihn ein dürrer Ast am Rock,
Dort kratzt ihn ein Dorn
Und auf einmal – hat er ganz den Weg verlorn.
›Das halte der Teufel länger aus!
Da wollt ich schon lieber, ich wär zu Haus,
Oder daß ich ein gutes Wirtshaus fänd.
Kreuz-Himmel-Teufel-Sapperment!!‹
So fluchte der Geigenseppel und sakramentierte,
Bis ihm ein seltsam Ding passierte. –

Es war ihm auf einmal und kam ihm vor,
Als klänge Musik zu seinem Ohr;
Und als er sich Bahn durch die Zweige brach,
Klang's näher und näher allgemach
Und klang so fremd und sonderbar –
Und plötzlich – stand da hell und klar
Ein mächtig großes Schloß im Mondenschein.
›Hei!‹ dachte der Geigenseppel, ›da geh ich hinein,
Denn da drinnen, scheint mir, geht's lustig her.‹
Gedacht, getan; er quält sich nicht sehr,
Er tritt durch das Tor, er schlüpft in den Saal;
Da brannten der Kerzen wohl tausend an der Zahl.
Potz Blitz! War *das* eine Pracht!
Alles und alles war aus purem Gold gemacht.
Aber am meisten täten ihn doch erbauen
Die vielen wunderschönen Frauen,
Die gar so seltsam und wild und eigen
Hinauf und hinunter sich schwangen im Reigen,
Derweilen sieben alte schwarze Katzen
Die Geigen strichen mit den Tatzen.
Hu! War das ein Gekratz und ein Gequiek!
Eine wahre Teufelskatzenmusik.

Dem Geigenseppel wurden die Ohren ganz lang.
Er sehnte sich nach einem guten Trank
Und blickte verstohlen hin und her,
Ob da nicht irgendwo etwas zu trinken wär.

Da trat zu ihm eine Frau gar hold,

Die reicht ihm einen Becher von Gold,
Gefüllt zum Rand mit rotem Wein;
Sie lacht ihn an, sie grüßt ihn fein
Und sprach: ›Ei, Geigenseppel, bist auch hier?
Da trink! Und spiel uns ein lustig Stücklein für!‹

Der Geigenseppel, gar nicht blöd,
Alsbald den Becher leeren tät;
Und schob ihn dann, als müßt es grad so sein,
Gemächlich in seinen Ranzen hinein. –
Nachdem, als zu End der Katzenchor,
Zog der Geigenseppel seine Geigen hervor.
Juchhei! Wie flogen so lustig und munter
Die Tänzer im Saale hinauf und hinunter,
Hinauf und hinunter im wogenden Reigen,
Sie tanzten so seltsam, so wild und so eigen.

Da tat der Geigenseppel den letzten Strich. –
Und wieder trat zu ihm und verneigte sich
Die schöne Frau und reicht ihm dar
Eine Geige, die ganz von blankem Golde war.
›Die Geige von Gold‹, so sprach sie, ›schenk ich dir,
Spielst du uns *noch* ein lustig Stücklein für.‹
Der Geigenseppel bedacht sich nicht eben lang,
Er nahm die Geige von Golde blank,
Die alte aber warf er keck
Beiseit ins Eck.
Ei, wie das klang!
Als der Geigenseppel jetzt den Bogen schwang,
So wild, so zaubervoll;
Die Tänzer rasten dahin wie toll –
Und als er den letzten Strich getan,
Sah *wieder* ihn die schöne Frau so schmachtend an
Und sprach: ›Was du begehrst, ich gewähr es dir,
Spielst du uns *noch* ein lustig Stücklein für.‹
›Gern‹, rief er, ›geigt ich bis zum Morgenschein,
Dürft ich, du Holde, dann dein Liebster sein!‹
Sie reicht ihm ihre Hand, sie nickt ihm zu. –
Da war's geschehn um seines Herzens Ruh.

Wild und immer wilder strich er seine Geigen;
Die Tänzer, sie flogen im wogenden Reigen;
Die Augen verglühten, die Wangen verblaßten,
Doch immer noch wollen die Tänzer nicht rasten; –
Schon flimmern die Kerzen matt und flau,
Schon scheint durch die Fenster der Morgen grau – –
Da hörte man von fern die Hähne krähn. –

Und wie die Nebel vor dem Morgenwind verwehn,
So war zerstoben und verpufft,
Husch husch! zu lauter Nebelduft
Das ganze luftige Hexengesindel. –
Den Geigenseppel packte der Schwindel
Und eh er's versah,
Lag er rücklings am Boden da.

– Es war am Morgen, die Luft war grau und trüb,
Als sich der Geigenseppel die Augen rieb,
Und da, o weh! kam's an den Tag,
Daß er unter dem hellichten Galgen lag. –
Die ganze Herrlichkeit, die kehrte sich in Verdruß;
Der Becher war ein alter Pferdefuß,
Und statt der Geigen, von Golde ganz,
Hielt er eine tote Katz' am Schwanz;
Und als er endlich mit Weh und Ach
Hinunter ins Städtlein hinkte allgemach,
Da schaut gleich aus dem ersten Haus
Ein ururaltes Weib heraus,
Die rief: ›Ho! Geigenseppel; wohin woher!
Kennst du dein Liebchen von heut nacht nicht mehr?!
Hoho! Du Falscher! Ist *das* der Brauch?!
Du versprachst mich zu lieben, nun halt es auch.‹

Der Geigenseppel aber hat sich schnell beiseit gedruckt
Und dreimal herzhaft ausgespuckt. – –
Da sieht nun jeder wohl ganz klar,
Daß hier der Teufel im Spiele war.
Drum hüte dich!«
So sprach meine alte Base – und schneuzte sich.

Metaphern der Liebe

I

Welche Augen! Welche Miene!
Seit ich dich zuerst gesehen,
Engel in der Krinoline,
Ist's um meine Ruh geschehen.

Ach! In fieberhafter Regung
Lauf ich Tag und Nacht spazieren,
Und ich fühl es, vor Bewegung
Fang ich an zu transpirieren.

II

Und derweil ich eben schwitze,
Hast du kalt mich angeschaut;
Von den Stiefeln bis zur Mütze
Spür ich eine Gänsehaut.

Wahrlich! Das ist sehr bedenklich,
Wie ein jeder leicht ermißt,
Wenn man so schon etwas kränklich
Und in Nankinghosen ist.

III

Würde deiner Augen Sonne
Einmal nur mich freundlich grüßen,
Ach! Vor lauter Lust und Wonne
Schmölz ich hin zu deinen Füßen.

Aber ach! Aus deinen Blicken
Wird ein Strahl herniederwettern,
Mich zerdrücken und zerknicken
Und zu Knochenmehl zerschmettern.

*Die Ballade von den
sieben Schneidern*

Es hatten sieben Schneider gar einen grimmen Mut;
Sie wetzten ihre Scheren und dürsteten nach Blut.

Dort auf der breiten Heide loff eine Maus daher,
Und wär sie nicht geloffen, so lebte sie nicht mehr.

Und zu derselben Stunde (es war um halber neun)
Sah dieses mit Entsetzen ein altes Mütterlein.

Die Schneider mit den Scheren, die kehrten sich herum,
Sie stürzten auf die Alte mit schrecklichem Gebrumm.

»Heraus nun mit dem Gelde! Da hilft kein Ach und Weh!«
Das Mütterlein, das alte, das kreischte: »Ach herrje!«

Ein Geißbock kam geronnen, so schnell er eben kann,
Und stieß mit seinem Horne den letzten Schneidersmann.

Da fielen sieben Schneider pardauz! auf ihre Nas
Und lagen beieinander maustot im grünen Gras.

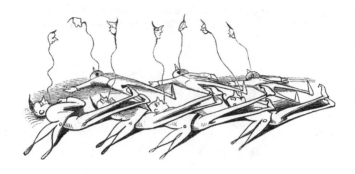

Und sieben Schneiderseelen, die sah man aufwärts schwirrn;
Sie waren anzuschauen wie sieben Fäden Zwirn.

Der Teufel kam geflogen, wie er es meistens tut,
Und fing die sieben Seelen in seinem Felbelhut.

Der Teufel, sehr verdrießlich, dem war der Fang zu klein,
Drum schlug er in die Seelen gleich einen Knoten drein.

Er hängt das leichte Bündel an eine dürre Lind',
Da pfeifen sie gar kläglich, piep, piep, im kühlen Wind.

Und zieht ein Wandrer nächtlich durch dieses Waldrevier,
So denkt er bei sich selber: »Ei, ei, wer pfeift denn hier?«

Der Lohn einer guten Tat
(Eine wahre Geschichte)

Wenn man von dem Lohn der Tugend
Hin und wieder was erfährt,
So ist das im allgemeinen
Jedenfalls nur wünschenswert.

Aber so was kann mich ärgern,
Wenn man in der Zeitung sieht,
Was dem Johann Luënicka
Für sein gutes Werk geschieht.

Von Geburt aus Leitomischl,
Handwerksbursche von Metjeh,
Kam er auch auf seiner Reise
Einst an einen großen See.

Plötzlich sieht er einen Knaben,
Welcher etwa dreizehn Jahr,
Und, nachdem er sich gebadet,
Eben beim Ertrinken war.

Dieses kann Johann nicht leiden,
Stürzt sich mutig in die Flut,

Faßt das Kind beim linken Beine,
Aber ach! verliert den Hut.

Erst jedoch, nachdem er alle
Rettungsmittel angewandt,
Fühlt er mittelst seiner Hände,
Daß er seinen Hut nicht fand.

Unbemittelt und vertrauend
Auf das Werk, das er getan,
Hält er bei der Ortsgemeinde
Höflichst um Belohnung an.

Hier nimmt man das Anersuchen
Auch sogleich zu Protokoll
Und berichtet an das Kreisamt,
Wie man sich verhalten soll.

Von dem Kreisamt schreibt man wieder,
Und der Brave ist schon froh.
Aber groß war sein Erstaunen;
Denn die Antwort lautet so:

»Erstens, da der Luënicka
Schwimmen kann, so ist es klar,
Daß sein Leben bei der Sache
Nicht besonders in Gefahr.

Drum, nach reiflichem Bedenken,
Lautet unser Amtsbeschluß,
Daß die fragliche Belohnung
Jedenfalls von Überfluß.

Zweitens hat der Luënicka
Sein Ersuchen eingeschickt,
Ohne daß, wie es gesetzlich,
Ihm ein Stempel aufgedrückt;

Drum, nach reiflichem Bedenken,
Lautet unser Amtsbeschluß,
Daß er 72 Kreuzer
Stempeltaxe zahlen muß.«

Ja, so lautet das Erkenntnis. –
Zahlen muß der junge Mann,
Ob ihm gleich von jedem Auge
Eine stille Träne rann.

Und wir fragen uns im stillen:
Wozu nützt die gute Tat,
Wenn ein tugendsamer Jüngling
Obendrein noch Kosten hat?!

Zwei Stammbuchverse

I

Wenn man sich einander kennet
Und sich Freund und Freundin nennet,
Reißt des Schicksals Donnerwort
Uns aus unsern Armen fort.

Doch, obschon dies zu beklagen,
Muß man nicht sogleich verzagen,
Denn der Freundschaft lange Hand
Reicht bis durch den Zollverband.

II

Wo du bist und wo ich sei,
Ferneweg und nahebei –
Überall und auch indessen
Werd ich deiner nicht vergessen.

Dein gedenk ich, still erfreut,
Selbsten in der Einsamkeit –
Ja, im dicksten Publikum
Schwebt mein Geist um dich herum.

Wie man Obstauflauf macht

Erst wasche Dich und schneuze Dich –
Und bist Du dann fein säuberlich,
So hole Dir mit leichtem Schritte
Die Pflaumen und die Apfelschnitte
(Jedoch mit Andacht und Gefühl).
Dann koche sie und stell sie kühl.

Jetzt nimm von Millich ein Quartier,
Von Stärkemehl der Lote vier,
Von Eiern sechse an der Zahl;
Als Würze nimm Zitronenschal'
Und Zucker auch und auch Vanille
Nach dem Geschmacke der Familie.

Zwei Drittel Milch stell auf das Feuer
Mit dem Gewürz. – Das Gelb der Eier,
Die Stärke und den Rest der Millich
Rühr durcheinand, wie's recht und billig.
Doch vom gesamten Eierweiß
Schlag steifen Schnee mit Kunst und Fleiß.

Nun tu zur Milch, die auf dem Feuer,
Den Brei der Stärke, Milch und Eier,
Und wenn's gekocht ein paar Minuten,
So heb es von des Feuers Gluten
Und rühre noch mit Seelenruh
Die Hälfte von dem Schnee hinzu.
Dies alles gieße flink und flott
Auf das bewußte Obstkompott.

Und ist dann die Geschichte kalt,
Und geht's zu Tisch, so streiche halt
Mit einem Messer sanft und lieb
Den Schnee darauf, der übrig blieb.
So – jetzt wären wir soweit! –
Noch Zimt und Zucker draufgestreut.
Und nun ans Werk voll Kraft und Mut!
Ei, zapperment, wie ist das gut!!

Individualität

Es ist mal so, daß ich so bin.
Weiß selber nicht warum.
Hier ist die Schenke. Ich bin drin
Und denke mir: Dideldum!

Daß das so ist, das tut mir leid.
Mein Individuum
Hat aber mal die Eigenheit,
Drum denk ich mir: Dideldum!

Und schaut die Jungfer Kellnerin
Sich auch nach mir nicht um;
Ich weiß ja doch, wie schön ich bin,
Und denke mir: Dideldum!

Und säße einer da abseit
Mit Knurren und Gebrumm
Und meint, ich wäre nicht gescheit,
So denk ich mir: Dideldum!

Doch kommt mir wer daher und spricht,
Ich wäre gar nicht frumm
Und hätte keine Tugend nicht,
Das nehm ich krumm. – Dideldum!

Summa summarum

Sag, wie wär es, alter Schragen,
Wenn du mal die Brille putztest,
Um ein wenig nachzuschlagen,
Wie du deine Zeit benutztest.

Oft wohl hätten dich so gerne
Weiche Arme warm gebettet;
Doch du standest kühl von ferne,
Unbewegt, wie angekettet.

Oft wohl kam's, daß du die schöne
Zeit vergrimmtest und vergrolltest,
Nur weil diese oder jene
Nicht gewollt, so wie du wolltest.

Demnach hast du dich vergebens
Meistenteils herumgetrieben;
Denn die Summe unsres Lebens
Sind die Stunden, wo wir lieben.

Dilemma

Das glaube mir – so sagte er –
Die Welt ist mir zuwider,
Und wenn die Grübelei nicht wär,
So schöß ich mich darnieder.

Was aber wird nach diesem Knall
Sich späterhin begeben?
Warum ist mir mein Todesfall
So eklig wie mein Leben?

Mir wäre doch, potzsapperlot,
Der ganze Spaß verdorben,
Wenn man am Ende gar nicht tot,
Nachdem daß man gestorben.

Schlußchor

Was mit dieser Welt gemeint,
Scheint mir keine Frage.
Alle sind wir hier vereint
Froh beim Festgelage.

Setzt Euch her und schaut Euch um,
Voll sind alle Tische;
Keiner ist von uns so dumm,
Daß er nichts erwische.

Jeder schau der Nachbarin
In die Augensterne,
Daß er den geheimen Sinn
Dieses Lebens lerne.

Stoßet an! Die Wonnekraft
Möge selig walten,
Bis die Zeit uns fortgerafft
Zu dem Chor der Alten;

Bis in süßem Unverstand
Unsre Lippen lallen,
Bis das Auge und die Hand,
Bis wir selber fallen. –

Dann so tragt mich nur beiseit
In die dunkle Kammer,
Auszuruhn in Ewigkeit
Ohne Katzenjammer.

Kritik des Herzens

Es wohnen die hohen Gedanken
In einem hohen Haus.
Ich klopfte, doch immer hieß es:
Die Herrschaft fuhr eben aus!

Nun klopf ich ganz bescheiden
Bei kleineren Leuten an.
Ein Stückel Brot, ein Groschen
Ernähren auch ihren Mann.

*

Sei ein braver Biedermann,
Fange tüchtig an zu loben!
Und du wirst von uns sodann
Gerne mit emporgehoben.

Wie, du ziehst ein schiefes Maul?
Willst nicht, daß dich andre adeln?
Na, denn sei mir nur nicht faul
Und verlege dich aufs Tadeln.

Gelt, das ist ein Hochgenuß,
Schwebst du so mit Wohlgefallen
Als ein selger Kritikus
Hocherhaben über allen.

*

Es sitzt ein Vogel auf dem Leim,
Er flattert sehr und kann nicht heim.
Ein schwarzer Kater schleicht herzu,
Die Krallen scharf, die Augen gluh.
Am Baum hinauf und immer höher
Kommt er dem armen Vogel näher.

Der Vogel denkt: Weil das so ist
Und weil mich doch der Kater frißt,
So will ich keine Zeit verlieren,
Will noch ein wenig quinquilieren
Und lustig pfeifen wie zuvor.
Der Vogel, scheint mir, hat Humor.

*

Ich kam in diese Welt herein,
Mich baß zu amüsieren,
Ich wollte gern was Rechtes sein
Und mußte mich immer genieren.
Oft war ich hoffnungsvoll und froh,
Und später kam es doch nicht so.

Nun lauf ich manchen Donnerstag
Hienieden schon herummer,
Wie ich mich drehn und wenden mag,
's ist immer der alte Kummer.
Bald klopft vor Schmerz und bald vor Lust
Das rote Ding in meiner Brust.

*

Der Hausknecht in dem »Weidenbusch«
Zu Frankfurt an dem Main,
Der war Poet, doch immer kurz,
Denn wenig fiel ihm ein.

Ja, sprach er, Freund, wir leben jetzt
In der Depeschenzeit,
Und Schiller, käm er heut zurück,
Wär auch nicht mehr so breit.

*

Die Selbstkritik hat viel für sich.
Gesetzt den Fall, ich tadle mich,
So hab ich erstens den Gewinn,
Daß ich so hübsch bescheiden bin;
Zum zweiten denken sich die Leut,
Der Mann ist lauter Redlichkeit;
Auch schnapp ich drittens diesen Bissen
Vorweg den andern Kritiküssen;
Und viertens hoff ich außerdem
Auf Widerspruch, der mir genehm.
So kommt es denn zuletzt heraus,
Daß ich ein ganz famoses Haus.

*

Es kam ein Lump mir in die Quer
Und hielt den alten Felbel her.
Obschon er noch gesund und stark,
Warf ich ihm dennoch eine Mark
Recht freundlich in den Hut hinein.
Der Kerl schien Philosoph zu sein.
Er sprach mit ernstem Bocksgesicht:
Mein Herr, Sie sehn, ich danke nicht.
Das Danken bin ich nicht gewohnt.
Ich nehme an, Sie sind gescheit
Und fühlen sich genug belohnt
Durch Ihre Eitelkeit.

*

Die Rose sprach zum Mägdelein:
Ich muß dir ewig dankbar sein,
Daß du mich an den Busen drückst
Und mich mit deiner Huld beglückst.

Das Mägdlein sprach: O Röslein mein,
Bild dir nur nicht zuviel drauf ein,
Daß du mir Aug und Herz entzückst.
Ich liebe dich, weil du mich schmückst.

*

Man wünschte sich herzlich gute Nacht;
Die Tante war schrecklich müde;
Bald sind die Lichter ausgemacht,
Und alles ist Ruh und Friede.

Im ganzen Haus sind nur noch zween,
Die keine Ruhe finden,
Das ist der gute Vetter Eugen
Mit seiner Base Lucinden.

Sie wachten zusammen bis in der Früh,
Sie herzten sich und küßten.
Des Morgens beim Frühstück taten sie,
Als ob sie von nichts was wüßten.

*

Mein Freund, an einem Sonntagmorgen,
Tät sich ein hübsches Rößlein borgen.
Mit frischem Hemd und frischem Mute,
In blanken Stiefeln, blankem Hute,
Die Haltung stramm und stramm die Hose,
Am Busen eine junge Rose,
So reitet er durch die Alleen,
Wie ein Adonis anzusehen.

Die Reiter machen viel Vergnügen,
Wenn sie ihr stolzes Roß bestiegen.

Nun kommt da unter sanftem Knarren
Ein milchbeladner Eselskarren.
Das Rößlein, welches sehr erschrocken,
Fängt an zu trappeln und zu bocken,
Und, hopp, das war ein Satz ein weiter!
Dort rennt das Roß, hier liegt der Reiter,
Entfernt von seinem hohen Sitze,
Platt auf dem Bauche in der Pfütze.

Die Reiter machen viel Vergnügen,
Besonders, wenn sie drunten liegen.

*

Du fragtest mich früher nach mancherlei.
Ich sagte dir alles frank und frei.
Du fragtest, wann ich zu reisen gedächte,
Welch ein Geschäft ich machen möchte.
Ich sagte dir offen: dann und dann;
Ich gab dir meine Pläne an.

Oft hat die Reise mir nicht gepaßt;
Dann nanntest du mich 'n Quirlequast.

Oft ging's mit dem Geschäfte krumm;
Dann wußtest du längst, es wäre dumm.
Oft kamst du mir auch mit List zuvor;
Dann schien ich mir selber ein rechter Tor.

Nun hab ich, weil mich dieses gequält,
Mir einen hübschen Ausweg erwählt.
Ich rede, wenn ich reden soll,
Und lüge dir die Jacke voll.

*

Kennt der Kerl denn keine Gnade?
Soll er uns mit seiner Suade,
Durch sein breites Explizieren,
Schwadronieren, Disputieren,
Soll er uns denn stets genieren,
Dieser säuselnde Philister,
Beim Genuß des edlen Weins?

Pump ihn an, und plötzlich ist er
Kurz und bündig wie Glock Eins.

*

Mich wurmt es, wenn ich nur dran denke. –
Es saß zu München in der Schenke
Ein Protz mit dunkelroter Nase
Beim elften oder zwölften Glase.

Da schlich sich kümmerlich heran
Ein armer alter Bettelmann,
Zog vor dem Protzen seinen Hut
Und fleht: Gnä Herr, ach sein S' so gut!

Der Protz jedoch, fuchsteufelswild,
Statt was zu geben, flucht und schilt:
Gehst raus, du alter Lump, du schlechter!
Nix möcht'er als grad saufen möcht'er!

*

Ich hab von einem Vater gelesen;
Die Tochter ist beim Theater gewesen.
Ein Schurke hat ihm das Mädchen verdorben,
So daß es im Wochenbette gestorben.

Das nahm der Vater sich tief zu Gemüte.
Und als er den Schurken zu fassen kriegte,
Verzieh er ihm nobel die ganze Geschichte.
Ich weine ob solcher Güte.

*

Laß doch das ewge Fragen,
Verehrter alter Freund.
Ich will von selbst schon sagen,
Was mir vonnöten scheint.

Du sagst vielleicht dagegen:
Man fragt doch wohl einmal.
Gewiß! Nur allerwegen
Ist mir's nicht ganz egal.

Bei deinem Fragestellen
Hat eines mich frappiert:
Du fragst so gern nach Fällen,
Wobei ich mich blamiert.

*

Vor Jahren waren wir mal entzweit
Und taten uns manches zum Torte;
Wir sagten uns beide zu jener Zeit
Viel bitterböse Worte.

Drauf haben wir uns ineinander geschickt;
Wir schlossen Frieden und haben
Die bitterbösen Worte erstickt
Und fest und tief begraben.

Jetzt ist es wirklich recht fatal,
Daß wieder ein Zwist notwendig.
O weh! die Worte von dazumal
Die werden nun wieder lebendig.

Die kommen nun erst in offnen Streit
Und fliegen auf alle Dächer;
Nun bringen wir sie in Ewigkeit
Nicht wieder in ihre Löcher.

*

Ich meine doch, so sprach er mal,
Die Welt ist recht pläsierlich.
Das dumme Geschwätz von Schmerz und Qual
Erscheint mir ganz ungebührlich.

Mit reinem kindlichen Gemüt
Genieß ich, was mir beschieden,
Und durch mein ganzes Wesen zieht
Ein himmlischer Seelenfrieden. –

Kaum hat er diesen Spruch getan,
Aujau! so schreit er kläglich.
Der alte hohle Backenzahn
Wird wieder mal unerträglich.

*

Es saßen einstens beieinand
Zwei Knaben, Fritz und Ferdinand.

Da sprach der Fritz: Nun gib mal acht,
Was ich geträumt vergangne Nacht.
Ich stieg in einen schönen Wagen,
Der Wagen war mit Gold beschlagen.
Zwei Englein spannten sich davor,
Die zogen mich zum Himmelstor.
Gleich kamst du auch und wolltest mit
Und sprangest auf den Kutschentritt,
Jedoch ein Teufel, schwarz und groß,
Der nahm dich hinten bei der Hos
Und hat dich in die Höll getragen.
Es war sehr lustig, muß ich sagen. –

So hübsch nun dieses Traumgesicht,
Dem Ferdinand gefiel es nicht.
Schlapp! schlug er Fritzen an das Ohr,
Daß er die Zippelmütz verlor.
Der Fritz, der dies verdrießlich fand,
Haut wiederum den Ferdinand;
Und jetzt entsteht ein Handgemenge,
Sehr schmerzlich und von großer Länge. –

So geht durch wesenlose Träume
Gar oft die Freundschaft aus dem Leime.

*

Er stellt sich vor sein Spiegelglas
Und arrangiert noch dies und das.
Er dreht hinaus des Bartes Spitzen,
Sieht zu, wie seine Ringe blitzen,
Probiert auch mal, wie sich das macht,
Wenn er so herzgewinnend lacht,

Übt seines Auges Zauberkraft,
Legt die Krawatte musterhaft,
Wirft einen süßen Scheideblick
Auf sein geliebtes Bild zurück,
Geht dann hinaus zur Promenade,
Umschwebt vom Dufte der Pomade,
Und ärgert sich als wie ein Stint,
Daß andre Leute eitel sind.

*

Wenn alles sitzen bliebe,
Was wir in Haß und Liebe
So voneinander schwatzen;
Wenn Lügen Haare wären,
Wir wären rauh wie Bären
Und hätten keine Glatzen.

*

Ein dicker Sack – den Bauer Bolte,
Der ihn zur Mühle tragen wollte,
Um auszuruhn, mal hingestellt
Dicht bei ein reifes Ährenfeld –
Legt sich in würdevolle Falten
Und fängt 'ne Rede an zu halten.

Ich, sprach er, bin der volle Sack.
Ihr Ähren seid nur dünnes Pack.
Ich bin's, der euch auf dieser Welt
In Einigkeit zusammenhält.
Ich bin's, der hoch vonnöten ist,
Daß euch das Federvieh nicht frißt;

Ich, dessen hohe Fassungskraft
Euch schließlich in die Mühle schafft.
Verneigt euch tief, denn ich bin Der!
Was wäret ihr, wenn ich nicht wär?

Sanft rauschen die Ähren:
Du wärst ein leerer Schlauch, wenn wir nicht wären.

*

Wirklich, er war unentbehrlich!
Überall, wo was geschah
Zu dem Wohle der Gemeinde,
Er war tätig, er war da.

Schützenfest, Kasinobälle,
Pferderennen, Preisgericht,
Liedertafel, Spritzenprobe,
Ohne ihn da ging es nicht.

Ohne ihn war nichts zu machen,
Keine Stunde hatt' er frei.
Gestern, als sie ihn begruben,
War er richtig auch dabei.

*

Sehr tadelnswert ist unser Tun,
Wir sind nicht brav und bieder. —
Gesetzt den Fall, es käme nun
Die Sündflut noch mal wieder:

Das wär ein Zappeln und Geschreck!
Wir tauchten alle unter;
Dann kröchen wir wieder aus dem Dreck
Und wären, wie sonst, recht munter.

*

Was ist die alte Mamsell Schmöle
Für eine liebe, treue Seele!

Sie spricht zu ihrer Dienerin:
Ach, Rieke, geh Sie da nicht hin!
Was will Sie da im goldnen Löben
Heut abend auf und nieder schweben?
Denn wedelt nicht bei Spiel und Tanz
Der Teufel fröhlich mit dem Schwanz?
Und überhaupt, was ist es nütz?
Sie quält sich ab, Sie kommt in Schwitz,
Sie geht hinaus, erkältet sich
Und hustet dann ganz fürchterlich.
Drum bleibe Sie bei mir nur lieber!
Und, Rieke, geh Sie mal hinüber
Und hole Sie von Kaufmann Fräse
Ein Viertel guten Schweizerkäse,
Und sei Sie aber ja ja ja
Gleich zur Minute wieder da!

So ist die gute Mamsell Schmöle
Besorgt für Riekens Heil der Seele.
Ja später noch, in stiller Nacht,
Ist sie auf diesen Zweck bedacht
Und schleicht an Riekens Kammertür
Und schaut, ob auch die Rieke hier,
Und ob sie auch in Frieden ruht
Und daß ihr ja nicht wer was tut,
Was sich nun einmal nicht gehört,
Was gottlos und beneidenswert.

*

Es wird mit Recht ein guter Braten
Gerechnet zu den guten Taten;
Und daß man ihn gehörig mache,
Ist weibliche Charaktersache.

Ein braves Mädchen braucht dazu
Mal erstens reine Seelenruh,
Daß bei Verwendung der Gewürze
Sie sich nicht hastig überstürze.

Dann, zweitens, braucht sie Sinnigkeit,
Ja, sozusagen, Innigkeit,
Damit sie alles appetitlich,
Bald so, bald so und recht gemütlich
Begießen, drehn und wenden könne,
Daß an der Sache nichts verbrenne.

In Summa braucht sie Herzensgüte,
Ein sanftes Sorgen im Gemüte,
Fast etwas Liebe insofern
Für all die hübschen, edlen Herrn,
Die diesen Braten essen sollen
Und immer gern was Gutes wollen.

Ich weiß, daß hier ein jeder spricht:
Ein böses Mädchen kann es nicht.

Drum hab ich mir auch stets gedacht
Zu Haus und anderwärts:

Wer einen guten Braten macht,
Hat auch ein gutes Herz.

*

Ihr kennt ihn doch schon manches Jahr,
Wißt, was es für ein Vogel war;
Wie er in allen Gartenräumen
Herumgeflattert auf den Bäumen;

Wie er die hübschen roten Beeren,
Die andern Leuten zugehören,
Mit seinem Schnabel angepickt
Und sich ganz lasterhaft erquickt.

Nun hat sich dieser böse Näscher,
Gardinenschleicher, Mädchenhäscher,
Der manchen Biedermann gequält,
Am Ende selber noch vermählt.
Nun legt er seine Stirn in Falten,
Fängt eine Predigt an zu halten
Und möchte uns von Tugend schwatzen.

Ei, so ein alter Schlingel! Kaum
Hat er 'nen eignen Kirschenbaum,
So schimpft er auf die Spatzen.

*

Ferne Berge seh ich glühen!
Unruhvoller Wandersinn!
Morgen will ich weiterziehen,
Weiß der Teufel, wohin?

Ja ich will mich nur bereiten,
Will – was hält mich nur zurück?
Nichts wie dumme Kleinigkeiten!
Zum Exempel, Dein Blick!

*

Es ging der fromme Herr Kaplan,
Nachdem er bereits viel Gutes getan,
In stiller Betrachtung der schönen Natur
Einst zur Erholung durch die Flur.

Und als er kam an den Waldessaum,
Da rief der Kuckuck lustig vom Baum:
Wünsch guten Abend, Herr Kollege!
Der Storch dagegen, nicht weit vom Wege,
Steigt in der Wiese auf und ab
Und spricht verdrießlich: Plapperapapp!
Gäb's lauter Pfaffen lobesam,
Ich wäre längst schon flügellahm!

Man sieht, daß selbst der frömmste Mann
Nicht allen Leuten gefallen kann.

*

Ach, wie geht's dem Heilgen Vater!
Groß und schwer sind seine Lasten,
Drum, o Joseph, trag den Gulden
In Sankt Peters Sammelkasten!

So sprach im Seelentrauerton
Die Mutter zu dem frommen Sohn.

Der Joseph, nach empfangner Summe,
Eilt auch sogleich ums Eck herumme,
Bis er das Tor des Hauses fand,
Wo eines Bockes Bildnis stand,
Was man dahin gemalt mit Fleiß
Zum Zeichen, daß hier Bockverschleiß.

Allhier in einen kühlen Hof
Setzt sich der Josef hin und sof;
Und aß dazu, je nach Bedarf,
Die gute Wurst, den Radi scharf,
Bis er, was nicht gar lange währt,
Sankt Peters Gulden aufgezehrt.

Nun wird's ihm trauriglich zu Sinn
Und stille singt er vor sich hin:

Ach der Tugend schöne Werke,
Gerne möcht ich sie erwischen,
Doch ich merke, doch ich merke,
Immer kommt mir was dazwischen.

*

Es stand vor eines Hauses Tor
Ein Esel mit gespitztem Ohr,
Der käute sich sein Bündel Heu
Gedankenvoll und still entzwei. –
Nun kommen da und bleiben stehn
Der naseweisen Buben zween,
Die auch sogleich, indem sie lachen,
Verhaßte Redensarten machen,
Womit man denn bezwecken wollte,
Daß sich der Esel ärgern sollte. –

Doch dieser hocherfahrne Greis
Beschrieb nur einen halben Kreis,
Verhielt sich stumm und zeigte itzt
Die Seite, wo der Wedel sitzt.

*

Wer möchte diesen Erdenball
Noch fernerhin betreten,
Wenn wir Bewohner überall
Die Wahrheit sagen täten.

Ihr hießet uns, wir hießen euch
Spitzbuben und Halunken,
Wir sagten uns fatales Zeug
Noch eh wir uns betrunken.

Und überall im weiten Land,
Als langbewährtes Mittel,
Entsproßte aus der Menschenhand
Der treue Knotenknittel.

Da lob ich mir die Höflichkeit,
Das zierliche Betrügen.
Du weißt Bescheid, ich weiß Bescheid;
Und allen macht's Vergnügen.

*

Ich wußte, sie ist in der Küchen,
Ich bin ihr leise nachgeschlichen.
Ich wollt' ihr ewge Treue schwören
Und fragen, willst du mir gehören?

Auf einmal aber stutzte ich.
Sie kramte zwischen dem Gewürze;
Dann schneuzte sie und putzte sich
Die Nase mit der Schürze.

*

Die erste alte Tante sprach:
Wir müssen nun auch dran denken,
Was wir zu ihrem Namenstag
Dem guten Sophiechen schenken.

Drauf sprach die zweite Tante kühn:
Ich schlage vor, wir entscheiden
Uns für ein Kleid in Erbsengrün,
Das mag Sophiechen nicht leiden.

Der dritten Tante war das recht:
Ja, sprach sie, mit gelben Ranken!
Ich weiß, sie ärgert sich nicht schlecht
Und muß sich auch noch bedanken.

*

Da kommt mir eben so ein Freund
Mit einem großen Zwicker.
Ei, ruft er, Freundchen, wie mir scheint,
Sie werden immer dicker.

Ja ja, man weiß oft selbst nicht wie,
So kommt man in die Jahre;
Pardon, mein Schatz, hier haben Sie
Schon eins, zwei graue Haare!

Hinaus, verdammter Kritikus,
Sonst schmeiß ich dich in Scherben.
Du Schlingel willst mir den Genuß
Der Gegenwart verderben!

*

Der alte Förster Püsterich
Der ging nach langer Pause
Mal wieder auf den Schnepfenstrich
Und brachte auch eine nach Hause.

Als er sie nun gebraten hätt,
Da tät ihn was verdreußen;
Das Tierlein roch wie sonst so nett,
Nur konnt er's nicht recht mehr beißen.

Ach ja! so seufzt er wehgemut
Und wischt sich ab die Träne,
Die Nase wär so weit noch gut,
Nur bloß, es fehlen die Zähne.

*

Kinder, lasset uns besingen,
Aber ohne allen Neid,
Onkel Kaspers rote Nase,
Die uns schon so oft erfreut.

Einst ward sie als zarte Pflanze
Ihm von der Natur geschenkt;
Fleißig hat er sie begossen,
Sie mit Wein und Schnaps getränkt.

Bald bemerkte er mit Freuden,
Daß die junge Knospe schwoll,
Bis es eine Rose wurde,
Dunkelrot und wundervoll.

Alle Rosen haben Dornen,
Diese Rose hat sie nicht,
Hat nur so ein Büschel Haare,
Welches keinen Menschen sticht.

Ihrem Kelch entströmen süße
Wohlgerüche, mit Verlaub:
Aus der wohlbekannten Dose
Schöpft sie ihren Blütenstaub.

Oft an einem frischen Morgen
Zeigt sie uns ein duftig Blau,
Und an ihrem Herzensblatte
Blinkt ein Tröpflein Perlentau.

Wenn die andern Blumen welken,
Wenn's im Winter rauh und kalt,
Dann hat diese Wunderrose
Erst die rechte Wohlgestalt.

Drum zu ihrem Preis und Ruhme
Singen wir dies schöne Lied.
Vivat Onkel Kaspers Nase,
Die zu allen Zeiten blüht!

*

Früher, da ich unerfahren
Und bescheidner war als heute,
Hatten meine höchste Achtung
Andre Leute.

Später traf ich auf der Weide
Außer mir noch mehre Kälber,
Und nun schätz ich, sozusagen,
Erst mich selber.

*

Es saß in meiner Knabenzeit
Ein Fräulein jung und frisch
Im ausgeschnittnen grünen Kleid
Mir vis-à-vis bei Tisch.

Und wie's denn so mit Kindern geht,
Sehr frömmig sind sie nie,
Ach, dacht ich oft beim Tischgebet,
Wie schön ist doch Marie!

*

Die Tante winkt, die Tante lacht:
He, Fritz, komm mal herein!
Sieh, welch ein hübsches Brüderlein
Der gute Storch in letzter Nacht
Ganz heimlich der Mama gebracht.
Ei ja, das wird dich freun!

Der Fritz der sagte kurz und grob:
Ich hol 'n dicken Stein
Und schmeiß ihn an den Kopp!

*

Es sprach der Fritz zu dem Papa:
Was sie nur wieder hat?
Noch gestern sagte mir Mama:
Du fährst mit in die Stadt.

Ich hatte mich schon so gefreut
Und war so voll Pläsier.
Nun soll ich doch nicht mit, denn heut
Da heißt es: Fritz bleibt hier!

Der Vater saß im Sorgensitz.
Er sagte ernst und still:
Trau Langhals nicht, mein lieber Fritz,
Der hustet, wann er will!

*

Was soll ich nur von eurer Liebe glauben?
Was kriecht ihr immer so in dunkle Lauben?
Wozu das ewge Flüstern und Gemunkel?
Das scheinen höchst verdächtige Geschichten.
Und selbst die besten ehelichen Pflichten,
Von allem Tun die schönste Tätigkeit,
In Tempeln von des Priesters Hand geweiht,
Ihr hüllt sie in ein schuldbewußtes Dunkel.

*

Du willst sie nie und nie mehr wiedersehen?
Besinne dich, mein Herz, noch ist es Zeit.
Sie war so lieb. Verzeih, was auch geschehen.
Sonst nimmt dich wohl beim Wort die Ewigkeit
Und zwingt dich mit Gewalt zum Weitergehen
Ins öde Reich der Allvergessenheit.
Du rufst und rufst; vergebens sind die Worte;
Ins feste Schloß dumpfdröhnend schlägt die Pforte.

*

Ich hab in einem alten Buch gelesen
Von einem Jüngling, welcher schlimm gewesen.
Er streut sein Hab und Gut in alle Winde.
Von Lust zu Lüsten und von Sünd zu Sünde,
In tollem Drang, in schrankenlosem Streben
Spornt er sein Roß hinein ins wilde Leben,

Bis ihn ein jäher Sturz vom Felsenrand
Dahingestreckt in Sand und Sonnenbrand,
Daß Ströme Bluts aus seinem Munde dringen
Und jede Hoffnung fast erloschen ist.

Ich aber hoffe – sagt hier der Chronist –
Die Gnade leiht dem Jüngling ihre Schwingen.

Im selben Buche hab ich auch gelesen
Von einem Manne, der honett gewesen.
Es war ein Mann, den die Gemeinde ehrte,
Der so von sechs bis acht sein Schöppchen leerte,
Der aus Prinzip nie einem etwas borgte,
Der emsig nur für Frau und Kinder sorgte;
Dazu ein proprer Mann, der nie geflucht,
Der seine Kirche musterhaft besucht.
Kurzum, er hielt sein Rößlein stramm im Zügel
Und war, wie man so sagt, ein guter Christ.

Ich fürchte nur – bemerkt hier der Chronist –
Dem Biedermanne wachsen keine Flügel.

*

Zwischen diesen zwei gescheiten
Mädchen, Anna und Dorette,
Ist zu allen Tageszeiten
Doch ein ewiges Gekrette.

Noch dazu um Kleinigkeiten. –
Gestern gingen sie zu Bette,
Und sie fingen an zu streiten,
Wer die dicksten Waden hätte.

*

Es flog einmal ein muntres Fliegel
Zu einem vollen Honigtiegel.
Da tunkt es mit Zufriedenheit
Den Rüssel in die Süßigkeit.
Nachdem es dann genug geschleckt,
Hat es die Flüglein ausgereckt
Und möchte sich nach oben schwingen.
Allein das Bein im Honigseim
Sitzt fest als wie in Vogelleim.
Nun fängt das Fliegel an zu singen:
Ach lieber Himmel mach mich frei
Aus dieser süßen Sklaverei!

Ein Freund von mir, der dieses sah,
Der seufzte tief und rief: Ja ja!

*

Die Liebe war nicht geringe.
Sie wurden ordentlich blaß;
Sie sagten sich tausend Dinge
Und wußten noch immer was.

Sie mußten sich lange quälen,
Doch schließlich kam's dazu,
Daß sie sich konnten vermählen.
Jetzt haben die Seelen Ruh.

Bei eines Strumpfes Bereitung
Sitzt sie im Morgenhabit;
Er liest in der Kölnischen Zeitung
Und teilt ihr das Nötige mit.

*

Selig sind die Auserwählten,
Die sich liebten und vermählten;
Denn sie tragen hübsche Früchte.
Und so wuchert die Geschichte
Sichtbarlich von Ort zu Ort.
Doch die braven Junggesellen,
Jungfern ohne Ehestellen,
Welche ohne Leibeserben
So als Blattgewächse sterben,
Pflanzen sich durch Knollen fort.

*

Es saß ein Fuchs im Walde tief.
Da schrieb ihm der Bauer einen Brief:

So und so, und er sollte nur kommen,
's wär alles verziehn, was übelgenommen.
Der Hahn, die Hühner und Gänse ließen
Ihn alle zusammen auch vielmals grüßen.
Und wann ihn denn erwarten sollte
Sein guter, treuer Krischan Bolte.

Drauf schrieb der Fuchs mit Gänseblut:
Kann nicht gut.
Meine Alte mal wieder
Gekommen nieder!
Im übrigen von ganzer Seele
Dein Fuchs in der Höhle.

*

Gott ja, was gibt es doch für Narren!
Ein Bauer schneidet sich 'n Knarren
Vom trocknen Brot und kaut und kaut.
Dabei hat er hinaufgeschaut
Nach einer Wurst, die still und heiter
Im Rauche schwebt, dicht bei der Leiter.
Er denkt mit heimlichem Vergnügen:
Wenn ick man woll, ick könn di kriegen!

*

Sie stritten sich beim Wein herum,
Was das nun wieder wäre;
Das mit dem Darwin wär gar zu dumm
Und wider die menschliche Ehre.

Sie tranken manchen Humpen aus,
Sie stolperten aus den Türen,
Sie grunzten vernehmlich und kamen zu Haus
Gekrochen auf allen vieren.

*

Ach, ich fühl es! Keine Tugend
Ist so recht nach meinem Sinn;
Stets befind ich mich am wohlsten,
Wenn ich damit fertig bin.

Dahingegen so ein Laster,
Ja, das macht mir viel Pläsier;
Und ich hab die hübschen Sachen
Lieber vor als hinter mir.

*

Das Bild des Manns in nackter Jugendkraft,
So stolz in Ruhe und bewegt so edel,
Wohl ist's ein Anblick, der Bewundrung schafft;
Drum Licht herbei! Und merke dir's, o Schädel!

Jedoch ein Weib, ein unverhülltes Weib –
Da wird dir's doch ganz anders, alter Junge.
Bewundrung zieht sich durch den ganzen Leib
Und greift mit Wonneschreck an Herz und Lunge.

Und plötzlich jagt das losgelassne Blut
Durch alle Gassen, wie die Feuerreiter.
Der ganze Kerl ist *eine* helle Glut;
Er sieht nichts mehr und tappt nur noch so weiter.

*

Ich sah dich gern im Sonnenschein,
Wenn laut die Vöglein sangen,
Wenn durch die Wangen und Lippen dein
Rosig die Strahlen drangen.

Ich sah dich auch gern im Mondenlicht
Beim Dufte der Jasminen,
Wenn mir dein freundlich Angesicht
So silberbleich erschienen.

Doch, Mädchen, gern hätt ich dich auch,
Wenn ich dich gar nicht sähe,
Und fühlte nur deines Mundes Hauch
In himmlisch warmer Nähe.

*

Wenn ich dereinst ganz alt und schwach,
Und 's ist mal ein milder Sommertag,
So hink ich wohl aus dem kleinen Haus
Bis unter den Lindenbaum hinaus.
Da setz ich mich denn im Sonnenschein
Einsam und still auf die Bank von Stein,
Denk an vergangene Zeiten zurücke
Und schreibe mit meiner alten Krücke
Und mit der alten zitternden Hand

so vor mir in den Sand.

*

Ich weiß noch, wie er in der Juppe
Als rauhbehaarte Bärenpuppe
Vor seinem vollen Humpen saß
Und hoch und heilig sich vermaß,
Nichts ginge über rechten Durst,
Und Lieb und Ehr wär gänzlich Wurst.

Darauf verging nicht lange Zeit,
Da sah ich ihn voll Seligkeit,
Gar schön gebürstet und gekämmt,
Im neuen Frack und reinen Hemd,
Aus Sankt Micheli Kirche kommen,
Allwo er sich ein Weib genommen.

Nun ist auch wohl, so wie mir scheint,
Die Zeit nicht ferne, wo er meint,
Daß so ein kleines Endchen Ehr
Im Knopfloch gar nicht übel wär.

*

Sahst du das wunderbare Bild von Brouwer?
Es zieht dich an, wie ein Magnet.
Du lächelst wohl, derweil ein Schreckensschauer
Durch deine Wirbelsäule geht.

Ein kühler Dokter öffnet einem Manne
Die Schwäre hinten im Genick;
Daneben steht ein Weib mit einer Kanne,
Vertieft in dieses Mißgeschick.

Ja, alter Freund, wir haben unsre Schwäre
Meist hinten. Und voll Seelenruh
Drückt sie ein andrer auf. Es rinnt die Zähre,
Und fremde Leute sehen zu.

*

Sie hat nichts und du desgleichen;
Dennoch wollt ihr, wie ich sehe,
Zu dem Bund der heilgen Ehe
Euch bereits die Hände reichen.

Kinder, seid ihr denn bei Sinnen?
Überlegt euch das Kapitel!
Ohne die gehörgen Mittel
Soll man keinen Krieg beginnen.

*

Denkst du dieses alte Spiel
Immer wieder aufzuführen?
Willst du denn mein Mitgefühl
Stets durch Tränen ausprobieren?

Oder möchtest du vielleicht
Mir des Tanzes Lust versalzen?
Früher hast du's oft erreicht;
Heute werd ich weiterwalzen.

*

Der alte Junge ist gottlob
Noch immer äußerst rührig;
Er läßt nicht nach, er tut als ob,
Wenn schon die Sache schwierig.

Wie wonnig trägt er Bart und Haar,
Wie blinkt der enge Stiefel.
Und bei den Damen ist er gar
Ein rechter böser Schliefel.

Beschließt er dann des Tages Lauf,
So darf er sich verpusten,
Setzt seine Zipfelkappe auf
Und muß ganz schrecklich husten.

*

Also hat es dir gefallen
Hier in dieser schönen Welt;
So daß das Vondannenwallen
Dir nicht sonderlich gefällt.

Laß dich das doch nicht verdrießen.
Wenn du wirklich willst und meinst,
Wirst du wieder aufersprießen;
Nur nicht ganz genau wie einst.

Aber, Alter, das bedenke,
Daß es hier noch manches gibt,
Zum Exempel Gicht und Ränke,
Was im ganzen unbeliebt.

*

Du warst noch so ein kleines Mädchen
Von acht, neun Jahren ungefähr,
Da fragtest du mich vertraut und wichtig:
Wo kommen die kleinen Kinder her?

Als ich nach Jahren dich besuchte,
Da warst du schon über den Fall belehrt,
Du hattest die alte vertrauliche Frage
Hübsch praktisch gelöst und aufgeklärt.

Und wieder ist die Zeit vergangen.
Hohl ist der Zahn und ernst der Sinn.
Nun kommt die zweite wichtige Frage:
Wo gehen die alten Leute hin?

Madam, ich habe mal vernommen,
Ich weiß nicht mehr so recht von wem:
Die praktische Lösung dieser Frage
Sei eigentlich recht unbequem.

*

Er war ein grundgescheiter Mann,
Sehr weise und hocherfahren;
Er trug ein graumeliertes Haar,
Dieweil er schon ziemlich bei Jahren.

Er war ein abgesagter Feind
Des Lachens und des Scherzens
Und war doch der größte Narr am Hof
Der Königin seines Herzens.

*

Hoch verehr ich ohne Frage
Dieses gute Frauenzimmer.
Seit dem segensreichen Tage,
Da ich sie zuerst erblickt,
Hat mich immer hoch entzückt
Ihre rosenfrische Jugend,
Ihre Sittsamkeit und Tugend
Und die herrlichen Talente.
Aber dennoch denk ich immer,
Daß es auch nicht schaden könnte,
Wäre sie ein bissel schlimmer.

*

Es hatt ein Müller eine Mühl
An einem Wasser kühle;
Da kamen hübscher Mädchen viel
Zu mahlen in der Mühle.

Ein armes Mädel war darunt,
Zählt sechzehn Jahre eben;
Allwo es ging, allwo es stund,
Der Müller stund daneben.

Er schenkt ein Ringlein ihr von Gold,
Daß er in allen Ehren
Sie ewig immer lieben wollt;
Da ließ sie sich betören.

Der Müller, der war falsch von Sinn:
»Wenn ich mich tu vermählen,
So will ich mir als Müllerin
Wohl eine Reiche wählen.«

Da's arme Mädel das vernahm,
Wird's blaß und immer blasser
Und redt nit mehr und ging und kam
Und sprang ins tiefe Wasser. –

Der Müller kümmert sich nicht viel,
Tät Hochzeitleut bestellen
Und führt mit Sang und Saitenspiel
'ne andre zur Kapellen.

Doch als man auf die Brücke kam,
Fängt's Wasser an zu wogen
Und zischt und rauscht verwundersam
Herauf bis an den Bogen.

Die weiße Wassernixe stand
Auf schaumgekrönter Welle;
Sie hält in ihrer weißen Hand
Von Gold ein Ringlein helle.

Du Falscher, deine Zeit ist aus!
Bereite dich geschwinde!
Dich ruft hinab ins kalte Haus
Die Mutter mit dem Kinde.

*

Wärst du ein Bächlein, ich ein Bach,
So eilt ich dir geschwinde nach.
Und wenn ich dich gefunden hätt
In deinem Blumenuferbett:
Wie wollt ich mich in dich ergießen
Und ganz mit dir zusammenfließen,
Du vielgeliebtes Mädchen du!
Dann strömten wir bei Nacht und Tage
Vereint in süßem Wellenschlage
Dem Meere zu.

*

Mein kleinster Fehler ist der Neid. –
Aufrichtigkeit, Bescheidenheit,
Dienstfertigkeit und Frömmigkeit,
Obschon es herrlich schöne Gaben,
Die gönn ich allen, die sie haben.

Nur wenn ich sehe, daß der Schlechte
Das kriegt, was ich gern selber möchte;
Nur wenn ich leider in der Nähe
So viele böse Menschen sehe,
Und wenn ich dann so oft bemerke,
Wie sie durch sittenlose Werke
Den lasterhaften Leib ergötzen,
Das freilich tut mich tief verletzen.

Sonst, wie gesagt, bin ich hienieden
Gottlobunddank so recht zufrieden.

*

Strebst du nach des Himmels Freude
Und du weißt's nicht anzufassen,
Sieh nur, was die andern Leute
Mit Vergnügen liegen lassen.

Dicke Steine, altes Eisen
Und mit Sand gefüllte Säcke
Sind den meisten, welche reisen,
Ein entbehrliches Gepäcke.

Laß sie laufen, laß sie rennen;
Nimm, was bleibt, zu deinem Teile.
Nur, was sie dir herzlich gönnen,
Dient zu deinem ewgen Heile.

*

Wenn mir mal ein Malheur passiert,
Ich weiß, so bist du sehr gerührt.
Du denkst, es wäre doch fatal,
Passierte dir das auch einmal.
Doch weil das böse Schmerzensding
Zum Glück an dir vorüberging,
So ist die Sache anderseits
Für dich nicht ohne allen Reiz.
Du merkst, daß die Bedaurerei
So eine Art von Wonne sei.

*

Als er noch krause Locken trug,
War alles ihm zu dumm,
Stolziert daher und trank und schlug
Sich mit den Leuten herum.

Die hübschen Weiber schienen ihm
Ein recht beliebtes Spiel;
An Seraphim und Cherubim
Glaubt er nicht sonderlich viel.

Jetzt glaubt er, was der Pater glaubt,
Blickt nur noch niederwärts,
Hat etwas Haar am Hinterhaupt
Und ein verprömmeltes Herz.

*

Gestern war in meiner Mütze
Mir mal wieder was nicht recht;
Die Natur schien mir nichts nütze
Und der Mensch erbärmlich schlecht.

Meine Ehgemahlin hab ich
Ganz gehörig angeplärrt,
Drauf aus purem Zorn begab ich
Mich ins Symphoniekonzert.

Doch auch dies war nicht so labend,
Wie ich eigentlich gedacht,
Weil man da den ganzen Abend
Wieder mal Musik gemacht.

*

Gerne wollt ihr Gutes gönnen
Unserm Goethe, unserm Schiller,
Nur nicht Meier oder Müller,
Die noch selber lieben können.

Denn durch eure Männerleiber
Geht ein Konkurrenzgetriebe;
Sei es Ehre, sei es Liebe;
Doch dahinter stecken Weiber.

*

Wie schad, daß ich kein Pfaffe bin.
Das wäre so mein Fach.
Ich bummelte durchs Leben hin
Und dächt nicht weiter nach.

Mich plagte nicht des Grübelns Qual,
Der dumme Seelenzwist,
Ich wüßte ein für allemal,
Was an der Sache ist.

Und weil mich denn kein Teufel stört,
So schlief ich recht gesund,
Wär wohlgenährt und hochverehrt
Und würde kugelrund.

Käm dann die böse Fastenzeit,
So wär ich fest dabei,
Bis ich mich elend abkasteit
Mit Lachs und Hühnerei.

Und dich, du süßes Mägdelein,
Das gern zur Beichte geht,
Dich nähm ich dann so ganz allein
Gehörig ins Gebet.

*

Sie war ein Blümlein hübsch und fein,
Hell aufgeblüht im Sonnenschein.
Er war ein junger Schmetterling,
Der selig an der Blume hing.

Oft kam ein Bienlein mit Gebrumm
Und nascht und säuselt da herum.
Oft kroch ein Käfer kribbelkrab
Am hübschen Blümlein auf und ab.
Ach Gott, wie das dem Schmetterling
So schmerzlich durch die Seele ging.

Doch was am meisten ihn entsetzt,
Das Allerschlimmste kam zuletzt.
Ein alter Esel fraß die ganze
Von ihm so heiß geliebte Pflanze.

*

Ich saß vergnüglich bei dem Wein
Und schenkte eben wieder ein.
Auf einmal fuhr mir in die Zeh
Ein sonderbar pikantes Weh.
Ich schob mein Glas sogleich beiseit
Und hinkte in die Einsamkeit
Und wußte, was ich nicht gewußt:
Der Schmerz ist Herr und Sklavin ist die Lust.

*

Wärst du wirklich so ein rechter
Und wahrhaftiger Asket,
So ein Welt- und Kostverächter,
Der bis an die Wurzel geht;

Dem des Goldes freundlich Blinken,
Dem die Liebe eine Last,
Der das Essen und das Trinken,
Der des Ruhmes Kränze haßt –

Das Gekratze und Gejucke,
Aller Jammer hörte auf;
Kracks! mit einem einzgen Rucke
Hemmtest du den Weltenlauf.

*

Du hast das schöne Paradies verlassen,
Tratst ein in dieses Labyrinthes Gassen,
Verlockt von lieblich winkenden Gestalten,
Die Schale dir und Kranz entgegenhalten;
Und unaufhaltsam zieht's dich weit und weiter.

Wohl ist ein leises Ahnen dein Begleiter,
Ein heimlich Graun, daß diese süßen Freuden
Dich Schritt um Schritt von deiner Heimat scheiden,
Daß Irren Sünde, Heimweh dein Gewissen;
Doch ach umsonst! Der Faden ist zerrissen.
Hohläugig faßt der Schmerz dich an und warnt,
Du willst zurück, die Seele ist umgarnt.
Vergebens steht ob deinem Haupt der Stern.
Einsam, gefangen, von der Heimat fern,
Ein Sklave, starrst du in des Stromes Lauf
Und hängst an Weiden deine Harfe auf.

Nun fährst du wohl empor, wenn so zuzeiten
Im stillen Mondeslichte durch die Saiten
Ein leises, wehmutsvolles Klagen geht
Von einem Hauch, der aus der Heimat weht.

*

Seid mir nur nicht gar zu traurig,
Daß die schöne Zeit entflieht,
Daß die Welle kühl und schaurig
Uns in ihre Wirbel zieht;

Daß des Herzens süße Regung,
Daß der Liebe Hochgenuß,
Jene himmlische Bewegung,
Sich zur Ruh begeben muß.

Laßt uns lieben, singen, trinken,
Und wir pfeifen auf die Zeit;
Selbst ein leises Augenwinken
Zuckt durch alle Ewigkeit.

*

Nun, da die Frühlingsblumen wieder blühen,
In milder Luft die weißen Wolken ziehen,
Denk ich mit Wehmut deiner Lieb und Güte,
Du süßes Mädchen, das so früh verblühte.

Du liebtest nicht der Feste Lärm und Gaffen,
Erwähltest dir daheim ein stilles Schaffen,
Die Sorge und Geduld, das Dienen, Geben,
Ein innigliches Nurfürandreleben.
So teiltest du in deines Vaters Haus
Den Himmelsfrieden deiner Seele aus.

Bald aber kamen schwere, schwere Zeiten.
Wir mußten dir die Lagerstatt bereiten;
Wir sahn, wie deine lieben Wangen bleichten,
Sahn deiner Augen wundersames Leuchten;
Wir weinten in der Stille, denn wir wußten,
Daß wir nun bald auf ewig scheiden mußten.

Du klagtest nicht. Voll Milde und Erbarmen
Gedachtest du der bittren Not der Armen,
Gabst ihnen deine ganze kleine Habe
Und seufztest tief, daß so gering die Gabe.

Es war die letzte Nacht und nah das Ende;
Wir küßten dir die zarten, weißen Hände;
Du sprachst, lebt wohl, in deiner stillen Weise,
Und: oh, die schönen Blumen! riefst du leise.

Dann war's vorbei. Die großen Augensterne,
Weit, unbeweglich, starrten in die Ferne,
Indes um deine Lippen, halbgeschlossen,
Ein kindlichernstes Lächeln ausgegossen.
So lagst du da, als hättest du entzückt
Und staunend eine neue Welt erblickt.

Wo bist du nun, du süßes Kind, geblieben?
Bist du ein Bild im Denken deiner Lieben?
Hast du die weißen Schwingen ausgebreitet
Und zogst hinauf von Engelshand geleitet
Zu jener Gottesstadt im Paradiese,
Wo auf der heiligstillen Blütenwiese
Fernher in feierlichem Zug die Frommen
Anbetend zu dem Bild des Lammes kommen?

Wo du auch seist; im Herzen bleibst du mein.
Was Gutes in mir lebt, Dein ist's allein.

*

Ich weiß ein Märchen hübsch und tief.
Ein Hirtenknabe lag und schlief.
Da sprang heraus aus seinem Mund
Ein Mäuslein auf den Heidegrund.

Das weiße Mäuslein lief sogleich
Nach einem Pferdeschädel bleich,
Der da schon manchen lieben Tag
In Sonnenschein und Regen lag.
Husch! ist das kleine Mäuslein drin,
Läuft hin und her und her und hin,
Besieht sich all die leeren Fächer,
Schaut listig durch die Augenlöcher
Und raschelt so die Kreuz und Quer
Im alten Pferdekopf umher. —

Auf einmal kommt 'ne alte Kuh,
Stellt sich da hin und macht Hamuh!
Das Mäuslein, welches sehr erschreckt,
Daß da auf einmal wer so blöckt,
Springt, hutschi, übern Heidegrund
Und wieder in des Knaben Mund. —

Der Knab erwacht und seufzte: Oh,
Wie war ich doch im Traum so froh!
Ich ging in einen Wald hinaus,
Da kam ich vor ein hohes Haus,
Das war ein Schloß von Marmelstein.
Ich ging in dieses Schloß hinein.
Im Schloß sah ich ein Mädchen stehn,
Das war Prinzessin Wunderschön.
Sie lächelt freundlich und bekannt,
Sie reicht mir ihre weiße Hand,
Sie spricht: »Schau her, ich habe Geld,
Und mir gehört die halbe Welt;
Ich liebe dich nur ganz allein,
Du sollst mein Herr und König sein.«
Und wie ich fall in ihren Schoß,
Ratuh! kommt ein Trompetenstoß.
Und weg ist Liebchen, Schloß und alles
Infolge des Trompetenschalles.

*

O du, die mir die Liebste war,
Du schläfst nun schon so manches Jahr.
So manches Jahr, da ich allein,
Du gutes Herz, gedenk ich dein.
Gedenk ich dein, von Nacht umhüllt,
So tritt zu mir dein treues Bild.
Dein treues Bild, was ich auch tu,
Es winkt mir ab, es winkt mir zu.

Und scheint mein Wort dir gar zu kühn,
Nicht gut mein Tun,
Du hast mir einst so oft verziehn,
Verzeih auch nun.

Die Uhren

Es ist Sylvester. Eine schlichte Bowle,
Von kluger Hand bereitet, schmückt den Tisch.
Man war bei Piepenbrinks. Herr Piepenbrink,
Frau Piepenbrink und deren Fritz und Julchen,
Welch letztre beiden heute auch noch auf,
Herr Küster Klöppel, treubewährt im Amte,
Aptheker Mickefett, den diese Gegend
Von wegen seiner Pillen höchlich pries –
Dies waren die Personen, welche hier
Zum frohen Jahresschlusse sich versammelt. –
Darüber ist man einig, punkto zwölf
Ein kräftig Prostneujahr sich zuzurufen,
Worauf getreu das Glas zu leeren sei. –
»Nun aber«, spricht Herr Klöppel mit Bedacht,
»Nun aber ist die Frage: Welche Uhr
Soll diesen schönen Augenblick verkünden?«
»Die beste Uhr«, ruft Fritz ein wenig hastig,
»Von allen Uhren ist die Sonnenuhr!«
»Ja wohl, mein Sohn!« erwidert Klöppel sanft,
»Die Sonne ist ein pünktlich Element,
Was mit der Dunkelnis von hinnen scheidet.
Insofern kommt sie hier nicht in Betracht.
Dagegen schlag ich unsre Turmuhr vor.« –
Hier lächelt Mickefett verschmitzt und spricht:
»Die Geistlichkeit in Ehren. Doch man sagt,
Ein traulich später Trunk am Samstagabend
Wirkt zögernd auf die Sonntagmorgenglocke.« –
Herr Klöppel schweigt, denn mild ist sein Charakter. –
Nun zieht aus ihres Busens Vorderfalte
Frau Piepenbrink bescheidentlich die Uhr.
Doch Piepenbrink ruft gleich: »Ich bitte Dich,
Laß doch die Uhr im Stall. Fast alle Monat
Muß ich das Dings da reparieren lassen.«
»Nun nun«, spricht sie, »sei nur nicht gleich so rauh!
Ist's doch für uns ein lieblich Angedenken

III

An jene Zeit, da du mir Treue schwurst.«
»Ahem!« macht Piepenbrink und schaut ins Glas.
»Ach«, seufzt das Julchen, »wie entzückend schön
Wär doch so eine Dose, die so Stücke spielt.«
»Sehr wahr, mein liebes Kind!« entgegnet Klöppel.
»Bewundernswert ist solch ein Kunstgetriebe,
Und gern belauscht man seine Melodien;
Nur lehrt sie uns vielmehr die Zeit vergessen,
Statt sie zu schätzen, wie's die Pflicht der Uhr.
Insofern kommt sie hier nicht in Betracht.«
Jetzt wird der Fritz schon wieder laut: »Ja aber
Beim reichen Schrepper die Pendüle, die...«
»Pst!!« fällt ihm Mickefett sogleich ins Wort,
»Das ist 'ne böse Uhr, die nur die Dauer
Des Wehs im Zeh bemißt, die Stunden schlägt,
Wo's Pulver einzunehmen, welche ewig
Eintönig raunt: Klick klack! Die Aktien fallen! –
Da muß ich meine Taschenuhr hier loben.
Sie ist von einem überseeschen Paten...«
»Insofern«, meint Herr Klöppel – »Bitte sehr«,
Fährt jener fort, »sie ist durchaus von Gold...«
»Insofern«, meint Herr Klöppel ernst und kühl,
»Insofern kommt sie hier nicht in Betracht.«
»Und«, fährt Herr Mickefett gelassen fort,
»Und richtig geht sie. – Diesen letzten Herbst
Bin ich mit Munkel dem Kaplan in Straßburg.
Wir hatten gut gelebt, in jeder Hinsicht.
Das Geld war alle, und so wollten wir
Denselben Abend spät noch weitermachen.
Wir stehn so vor dem Münster. Salbungsvoll
Hub Munkel an und sprach: ›Geliebter Freund!
Im Angesichte dieses hohen Tempels
Ermahn ich nochmals dringend dich: Kehr um!
Oh, kehre wieder in den weichen Schoß
Der heilgen Mutter Kirche und vertraue
Dich ihrer altbewährten Führung an!‹
Ich ziehe meine Uhr und sage: ›Munkel,
Es ist ein Viertel zwölf; wir müssen eilen,
Wofern wir nicht den Zug verpassen wollen.‹

Indem so schlägt die Münsterglocke elf.
›Du hörst es!‹ sagte er. ›Hat noch lange Zeit!‹
Na gut, wir bummeln endlich so lala
Zum Bahnhof. Richtig. Tüht! Dort saust er hin!
– Freudlos wär uns die Nacht vergangen, hätt ich
Dem Herbergsvater nicht die Uhr gereicht. –
Seitdem vertrau ich keiner Kirchenglocke.
Und wenn die Engel selbst vom Turme bliesen,
Ich richte mich nach meiner Taschenuhr.« –
Nun aber nimmt Herr Piepenbrink das Wort:
»Ich lobe mir«, so spricht er, »jene Alte,
Die dorten in der Ecke ticktack macht.
Pünktlich um sieben morgens weckt sie uns.
Um achte mahnt sie Fritzen an die Schule.
Zwölfmal mit freudgem Klang allmittaglich
Ruft sie zu Tisch, und jeder folgt ihr gern.
Getreulich zählt sie meiner lieben Frau
Beim Eierkochen die Minuten ab.
Was mich betrifft, so sorgt sie stets dafür,
Daß ich die Zeit des Klubs niemals verfehle.
Und ist die Ruhestunde dann erschienen,
Gewissenhaft um zehne schlägt sie zehn.
So machte sie's gar manches liebe Jahr,
Und keine Seele dachte was dabei,
Und keiner wußte, wie so gut sie war,
Bis daß sie eines Morgens stillestand.
Da wußte man's.« – »Achgott«, fiel Klöppel ein,
»So geht's mit mancher stillbescheidnen Treue.
Allein insofern ...« Baum! Da tönt es ernst
Vom nahen Turme zwölf, und Prostneujahr!
Ruft jeder klangvoll ausgehöhlte Mund
Und leert das Glas. (Zuerst ist Klöppel fertig.)
Hierauf zieht Mutter Piepenbrink die Uhr
Bescheiden aus des Mieders warmer Falte.
»Jetzt ist es zwölf auf meiner!« ruft sie froh
Und wieder folgt ein kräftig Prostneujahr!
»Und jetzt nach meiner!« schreit Herr Mickefett,
Und nochmals schallt der festlich frohe Gruß,
Und nochmals beugt sich jeder gern nach hinten,

Um so das neugefüllte Glas zu leeren.
(Herr Mickefett tut's zweimal hinternander.)
Kaum ist's vollbracht, so fängt es in der alten
Höchst ehrenwerten Wand- und Ticktackuhr
Zu schnurren an, und bemm! und also fort
Dröhnt sie des Jahres letzte Stunde her. –
»Hurrah! und Prostneujahr!« Das klang mal schön. –
Herr Klöppel hält den Ton noch lange aus. –
Fritz trank zu hastig. Drum so muß er auch
Sehr heftig durch die Nase husten, welches
Mama und Julchen recht ins Lachen brachte.
Jedoch der biedre Vater Piepenbrink,
Der sanfte Klöppel, Mickefett der schlaue,
Die tranken kreuzweis ewge Brüderschaft.
So war man froh nach ganz verschiednen Uhren,
Schlief selig dann in ganz verschiednen Betten
(Der Vater und die Mutter ausgenommen)
Und ging des andern Tages, warm bekleidet,
Mit leichtem Schädelbrummen in die Messe.
(Herr Mickefett natürlich ausgenommen.)
Der kramt in der Butike und bereitet
Verdrießlich, doch mit Sorgfalt, einen Bittern.

Zum Neujahr

Bald so wird es zwölfe schlagen.
Prost Neujahr! wird mancher sagen;
Aber mancher ohne rrren!
Denn es gibt vergnügte Herren.

Auch ich selbst, auf meinen Wunsch,
Mache mir ein wenig Punsch. –

Wie ich nun allhier so sitze
Bei des Ofens milder Hitze,
Angetan den Rock der Ruhe
Und die schön verzierten Schuhe,
Und entlocke meiner Pfeife
Langgedehnte Wolkenstreife;
Da spricht mancher wohl entschieden:
Dieser Mensch ist recht zufrieden!
Leider muß ich, dem entgegen,
Schüttelnd meinen Kopf bewegen. –

Schweigend lüfte ich das Glas.
(Ach, wie schön bekömmt mir das.) –

Sonsten, wie erfreulich war es,
Wenn man so am Schluß des Jahres,
Oder in des Jahres Mitten,
Zum bewußten Schrein geschritten
Und in süßem Traum verloren
Emsig den Coupon geschoren;
Aber itzo auf die Schere
Sickert eine Trauerzähre,
Währenddem der Unterkiefer
Tiefer sinkt und immer tiefer. –

Traurig leere ich das Glas.
(Ach, wie schön bekömmt mir das.) –

Henriette, dieser Name
Füllt mich auch mit tiefem Grame.
Die ich einst in leichten Stoffen
Herzbeklemmend angetroffen
Nachts auf dem Kasinoballe;
Sie, die später auf dem Walle
Beim Ziewiet der Philomele
Meine unruhvolle Seele
Hoch beglückt und tief beseligt,
Sie ist anderweit verehlicht,
Ist im Standesamtsregister
Aufnotieret als Frau Pfister,
Und es wird davon gesprochen,
Nächstens käme sie in Wochen. –

Grollend lüfte ich das Glas.
(Ach, wie schön bekömmt mir das.) –

Ganz besonders und vorzüglich
Macht es mich so mißvergnüglich,
Daß es mal nicht zu vermeiden,
Von hienieden abzuscheiden,
Daß die Denkungskraft entschwindet,
Daß man sich so tot befindet,
Und es sprechen dann die Braven:
Siehe da, er ist entschlafen;
Und sie ziehn gelind und lose
Aus der Weste oder Hose
Den geheimen Bund der Schlüssel,
Und man rührt sich auch kein bissel,
Sondern ist, obschon vorhanden,
Friedlich lächelnd einverstanden. –

Schaudernd leere ich das Glas.
(Ach, wie schön bekömmt mir das.) –

Wo wird dann die Seele weilen?
Muß sie sich in Duft zerteilen?
Oder wird das alte Streben,

Hübsche Dinge zu erleben,
Sich in neue Form ergießen,
Um zu lieben, zu genießen
Oder in Behindrungsfällen
Sehr zu knurren und zu bellen?
Kann man, frag ich angstbeklommen,
Da denn gar nicht hinter kommen?
Kommt, o kommt herbeigezogen,
Ihr verehrten Theologen,
Die ihr längst die ewge Sonne
Treu verspundet in der Tonne;
Überschüttet mich mit Klarheit! –
Doch vor allem hoff ich Wahrheit
Von dem hohen Philosophen,
Denn nur er, beim warmen Ofen,
Als der Pfiffigste von allen,
Fängt das Licht in Mäusefallen. –

Prost Neujahr! – Und noch ein Glas.
(Ei, wie schön bekömmt mir das!) –

Uh! Mir wird so wohl und helle.
Himmel, Sterne, Meereswelle,
Weiße Möwen, goldne Schiffe;
Selig schwanken die Be-jiffe,
Und ich tauche in das Bette
Mit dem Seufzer: Hen-i-jette!

Der Dornenstrauch

Es steht in Quesels Hecke
Ein Dornstrauch an der Ecke
Und stechen tut er auch.
Ach lieber Herr von Quesel,
Steig ab von deinem Esel,

Hau ab den Dornenstrauch.
Herr Quesel hört die Klagen
Vergnügten Angesichts.
Er spricht mit Wohlbehagen:
    Ich spüre nichts!

Es wächst die krause Wolle,
Damit sie wärmen solle,
Dem Schäfchen aus der Haut.
Der Dornstrauch tät es rupfen,
Da mußt es ängstlich hupfen
Und blökte gar so laut.
Herr Quesel hört sein Klagen
Vergnügten Angesichts.
Er spricht mit Wohlbehagen:
    Ich spüre nichts!

Im Schmuck der neuen Hose,
Beglückt und sorgenlose
Biegt um das Eck der Fritz.
Der Dornstrauch hält ihn feste,
Oweh, die Allerbeste
Kriegt einen langen Schlitz.
Herr Quesel hört sein Klagen
Vergnügten Angesichts.
Er spricht mit Wohlbehagen:
    Ich spüre nichts!

Hier wandelt, emsig strickend,
Im Freien sich erquickend
Ein Fräulein tugendsam.
Wie ist sie so erschrocken,
Als plötzlich Hut und Locken
Der Dornstrauch an sich nahm.
Herr Quesel hört ihr Klagen
Vergnügten Angesichts.
Er spricht mit Wohlbehagen:
    Ich spüre nichts!

Der Esel aber bebend
Sieht hoch am Dorne schwebend
Die Locken und den Hut.
Es stutzt und bockt der Esel,
Im Dorne hängt Herr Quesel
Und hat es gar nicht gut.
Ein jeder hört sein Klagen
Vergnügten Angesichts.
Man spricht mit Wohlbehagen:
    Wir spüren nichts!

Herr Quesel läuft nach Hause
Und kehrt in einem Sause
Zurück mit langer Axt.
Die Axt fängt an zu blitzen,
Herr Quesel an zu schwitzen,
Der Dornstrauch fällt und knackst.
Jetzt kann man ohne Klagen
Vergnügten Angesichts
An Quesels Ecke sagen:
    Ich spüre nichts!

Der unsichtbare Schäfer

Es riefen mal drei Zwerge
Vor einem hohlen Berge:
»Vater Klaus, Vater Klaus,
Wirf Hütchen heraus!«
Und eins zwei drei im selben Nu
Fliegt jedem Zwerg ein Hütchen zu.
»Juhe! Jetzt kann uns keiner sehn,
Wenn wir zur Bauernhochzeit gehn.«

Der Schäferbartel, der im Gras
Versteckt gelegen, hört' und sah's.

Potztausend! – denkt er sich –
Das wär so was für mich!
»Vater Klaus, Vater Klaus,
Wirf 'n Hütchen heraus.«
Und richtig fliegt im selben Nu
Auch ihm ein solches Hütchen zu.

So schleicht er heimlich allgemach
Ins Dorf den klugen Zwergen nach;
Und also kommen diese Gäste
Ganz unbemerkt zum Hochzeitsfeste.

Da schmaust man grad nach alter Weis
Den süßen Zimt- und Zuckerreis.
Hei! wie dem Bartel das gefiel;
Faßt flugs den Löffel bei dem Stiel
Und führt ihn emsig hin und her;
Und wie er spürt, er kann nicht mehr –
Schlapp! so zum Spaß
Schlägt er den Löffel
Dem Nachbar Töffel
Auf seine Nas.

Der wischt und wischt und staunt und spricht:
»Hier fühl ich was und seh es nicht.«
Gleich bleibt, als dies geschehn,
Ein Zwerglein stutzig stehn
Und flüstert: »Seht mal den!
Der Schäfer hier
Hat 'n Hut wie wir.
Paßt auf und guckt!
Wenn er sich duckt,
Dann zieht dem langen Tropfe
Geschwind den Hut vom Kopfe.«

Der Bartel, arglos und vergnügt,
Geht eben hin wo's Fäßlein liegt.
Da bückt er sich und macht sich klein
Und rückt den Hahn und zapft sich Wein

Und – wutsch! ist's Hütlein weck.
Das war ein Schreck.
Da sitzt er vor dem Faß,
So sichtbar wie nur was.
Ho! heißt es jetzt und angefaßt!
Hinaus mit diesem frechen Gast!
Und allsogleich in einem Bogen
Kommt er zur Tür herausgeflogen.

Die Zwerge kichern,
Sie sind im Sichern;
Sie nippen und naschen
Und füllen die Taschen,
Von niemand gesehn,
Bis morgens früh die Hähne krähn.
Dann noch zu dritt ein Kännchen.
Husch! fort sind die drei Männchen.

Weit drauß im Felde, kurz vor Tag,
In seinem Schäferkarren lag
Der Bartel bei den Schafen
Und konnte noch nicht schlafen.
Tripptripp! Was feine Tritte?
Es klopft an seiner Hütte:
»He, Bartel, Bartel,
Willst wieder mit?!«
Im Kasten tönt ein kurz Gebrumm.
Der Bartel zeigt sich nit;
Weiß wohl warum.

Fink und Frosch

Im Apfelbaume pfeift der Fink
Sein: pinkepink!
Ein Laubfrosch klettert mühsam nach
Bis auf des Baumes Blätterdach
Und bläht sich auf und quackt: »Ja ja!
Herr Nachbar, ick bin och noch da!«

Und wie der Vogel frisch und süß
Sein Frühlingslied erklingen ließ,
Gleich muß der Frosch in rauhen Tönen
Den Schusterbaß dazwischen dröhnen.

»Juchheija heija!« spricht der Fink.
»Fort flieg ich flink!«
Und schwingt sich in die Lüfte hoch.
»Wat!« – ruft der Frosch. »Dat kann ick och!«
Macht einen ungeschickten Satz,
Fällt auf den harten Gartenplatz,
Ist platt, wie man die Kuchen backt,
Und hat für ewig ausgequackt.

Wenn einer, der mit Mühe kaum
Geklettert ist auf einen Baum,
Schon meint, daß er ein Vogel wär,
So irrt sich der.

Wenn einer, der mit
Mühe kaum
Gekrochen ist auf
einen Baum,
Schon meint, daß er
ein Vogel wär,
So irrt sich der.
Wilh. Busch.

Der Nöckergreis

Ich ging zum Wein und ließ mich nieder
Am langen Stammtisch der Nöckerbrüder.
Da bin ich bei einem zu sitzen gekommen,
Der hatte bereits das Wort genommen.

»Kurzum« – so sprach er – »ich sage bloß,
Wenn man den alten Erdenkloß,
Der, täglich teilweis aufgewärmt,
Langweilig präzis um die Sonne schwärmt,
Genau besieht und wohl betrachtet
Und, was darauf passiert, beachtet,
So findet man, und zwar mit Recht,
Daß nichts so ist, wie man wohl möcht.

Da ist zuerst die Hauptgeschicht:
Ein Bauer traut dem andern nicht.
Ein jeder sucht sich einen Knittel,
Ein jeder polstert seinen Kittel,
Um bei dem nächsten Tanzvergnügen
Gewappnet zu sein und obzusiegen,
Anstatt bei Geigen- und Flötenton,
Ein jeder mit seiner geliebten Person,
Fein sittsam im Kreise herumzuschweben.
Aber nein! Es muß halt Keile geben.

Und außerdem und anderweitig:
Liebt man sich etwa gegenseitig?
Warum ist niemand weit und breit
Im vollen Besitz der Behaglichkeit?
Das kommt davon, es ist hienieden
Zu vieles viel zu viel verschieden.
Der eine fährt Mist, der andre spazieren;
Das kann ja zu nichts Gutem führen,
Das führt, wie man sich sagen muß,
Vielmehr zu mehr und mehr Verdruß.

Und selbst, wer es auch redlich meint,
Erwirbt sich selten einen Freund.
Wer liebt z. B. auf dieser Erde,
Ich will mal sagen, die Steuerbehörde?
Sagt sie, besteuern wir das Bier,
So macht's den Christen kein Pläsier.
Erwägt sie dagegen die Steuerkraft
Der Börse, so trauert die Judenschaft.
Und alle beide, so Jud wie Christ,
Sind grämlich, daß diese Welt so ist.

Es war mal 'ne alte runde Madam,
Deren Zustand wurde verwundersam.
Bald saß sie grad, bald lag sie krumm,
Heut war sie lustig und morgen frumm;
Oft aß sie langsam, oft aber so flink,
Wie Heinzmann, eh er zum Galgen ging.
Oft hat sie sogar ein bissel tief
Ins Gläschen geschaut, und dann ging's schief.
Sodann zerschlug sie mit großem Geklirr
Glassachen und alles Porzellangeschirr.
Da sah denn jeder mit Schrecken ein,
Es muß wo was nicht in Ordnung sein.

Und als sich versammelt die Herren Doktoren,
Da kratzten dieselben sich hinter den Ohren.

Der erste sprach: ›Ich fürchte sehr,
Es fehlt der innere Durchgangsverkehr;
Die Gnädige hat sich übernommen;
Man muß ihr purgänzlich zu Hülfe kommen.‹
Der zweite sprach: ›O nein, mitnichten.
Es handelt sich hier um Nervengeschichten.‹
›Das ist's‹ – sprach der dritte – ›was ich auch ahne;
Man liest zu viele schlechte Romane.‹
›Oder‹ – sprach der vierte – ›sagen wir lieber,
Man hat das Schulden- und Wechselfieber.‹
›Ja‹ – meinte der fünfte – ›das ist es eben;
Das kommt vom vielen Lieben und Leben.‹

›Ohweh‹ – rief der sechste – ›der Fall ist kurios;
Am End ist die oberste Schraube los.‹
›Hah‹ – schrie der letzte – ›das alte Weib
Hat unbedingt den Teufel im Leib;
Man hole sogleich den Pater her,
Sonst kriegen wir noch Malör mit Der.‹

Der Pater kam mit eiligen Schritten;
Er tät den Teufel nicht lange bitten;
Er spricht zu ihm ein kräftiges Wort:
    ›Rausraus, und hebe dich fort,
    Du Lügengeist,
    Der frech und dreist
    Sich hier in diesen Leib gewagt!‹
›I mag net!‹ – hat der Teufel gesagt.
Hierauf –
Doch lassen wir die Späß,
Denn so was ist nicht sachgemäß.
Ich sage bloß, die Welt ist böse.
Was soll zum Beispiel das Getöse,
Was jetzt so manche Menschen machen
Mit Knallbonbons und solchen Sachen.
Man wird ja schließlich ganz vertattert,
Wenn's immer überall so knattert.
Das sollte man wirklich solchen Leuten
Mal ernstlich verbieten und zwar beizeiten,
Sonst sprengen uns diese Schwerenöter
Noch kurz und klein bis hoch in den Äther,
Und so als Pulver herumzufliegen,
Das ist grad auch kein Sonntagsvergnügen.
Wie oft schon sagt ich: ›Man hüte sich.‹
Was hilft's? Man hört ja nicht auf mich.
Ein jeder Narr tut, was er will.
Na, meinetwegen! Ich schweige still!«

So räsonierte der Nöckergreis. –
Uns aber macht er so leicht nichts weis;
Und ging's auch drüber oder drunter,
Wir bleiben unverzagt und munter.

Es ist ja richtig: Heut pfeift der Spatz
Und morgen vielleicht schon holt ihn die Katz;
Der Floh, der abends krabbelt und prickt,
Wird morgens, wenn's möglich, schon totgeknickt;
Und dennoch lebt und webt das alles
Recht gern auf der Kruste des Erdenballes. –
Froh hupft der Floh. –
Vermutlich bleibt es noch lange so.

Der Stern

Hätt einer auch fast mehr Verstand
Als wie die drei Weisen aus Morgenland
Und ließe sich dünken, er wär wohl nie
Dem Sternlein nachgereist wie sie;
Dennoch, wenn nun das Weihnachtsfest
Seine Lichtlein wonniglich scheinen läßt,
Fällt auch auf sein verständig Gesicht,
Er mag es merken oder nicht,
Ein freundlicher Strahl
Des Wundersternes von dazumal.

Unbeliebtes Wunder

In Tours, zu Martin Bischofs Zeit,
Gab's Krüppel viel und Bettelleut.
Darunter auch ein Ehepaar,
Was glücklich und zufrieden war.
Er, sonst gesund, war blind und stumm;
Sie sehend, aber lahm und krumm
An jedem Glied, bis auf die Zunge
Und eine unverletzte Lunge.

Das paßte schön. Sie reitet ihn
Und, selbstverständlich, leitet ihn
Als ein geduldig Satteltier,
Sie obenauf, er unter ihr,
Ganz einfach mit geringer Müh,
Bloß durch die Worte Hott und Hüh,
Bald so, bald so, vor allen Dingen
Dahin, wo grad die Leute gingen.

Fast jeder, der's noch nicht gesehn,
Bleibt unwillkürlich stille stehn,
Ruft: »Lieber Gott, was ist denn das?«
Greift in den Sack, gibt ihnen was
Und denkt noch lange gern und heiter
An dieses Roß und diesen Reiter.

So hätten denn gewiß die zwei
Durch fortgesetzte Bettelei,
Vereint in solcherlei Gestalt,
Auch ferner ihren Unterhalt,
Ja, ein Vermögen sich erworben,
Wär Bischof Martin nicht gestorben.

Als dieser nun gestorben war,
Legt man ihn auf die Totenbahr
Und tät ihn unter Weheklagen
Fein langsam nach dem Dome tragen
Zu seiner wohlverdienten Ruh.

Und sieh, ein Wunder trug sich zu.
Da, wo der Zug vorüberkam,
Wer irgend blind, wer irgend lahm,
Der fühlte sich sogleich genesen,
Als ob er niemals krank gewesen.

Oh, wie erschrak die lahme Frau!
Von weitem schon sah sie's genau,
Weil sie hoch oben, wie gewohnt,
Auf des Gemahles Rücken thront.

»Lauf«, rief sie, »laufe schnell von hinnen,
Damit wir noch beizeit entrinnen.«
Er läuft, er stößt an einen Stein,
Er fällt und bricht beinah ein Bein.

Die Prozession ist auch schon da.
Sie zieht vorbei. Der Blinde sah,
Die Lahme, ebenfalls kuriert,
Kann gehn, als wie mit Öl geschmiert,
Und beide sind wie neu geboren
Und kratzen sich verdutzt die Ohren.

Jetzt fragt es sich: Was aber nun?
Wer leben will, der muß was tun.
Denn wer kein Geld sein eigen nennt
Und hat zum Betteln kein Talent
Und hält zum Stehlen sich zu fein
Und mag auch nicht im Kloster sein,
Der ist fürwahr nicht zu beneiden.
Das überlegten sich die beiden.

Sie, sehr begabt, wird eine fesche
Gesuchte Plätterin der Wäsche.
Er, mehr beschränkt, nahm eine Axt
Und spaltet Klötze, daß es knackst,
Von morgens früh bis in die Nacht.

Das hat Sankt Martin gut gemacht.

Zum Geburtstag

Der Juni kam. Lind weht die Luft.
Geschoren ist der Rasen.
Ein wonnevoller Rosenduft
Dringt tief in alle Nasen.

Manch angenehmes Vögelein
Sitzt flötend auf den Bäumen,
Indes die Jungen, zart und klein,
Im warmen Neste träumen.

Flugs kommt denn auch dahergerennt,
Schon früh im Morgentaue,
Mit seinem alten Instrument
Der Musikant, der graue.

Im Juni, wie er das gewohnt,
Besucht er einen Garten,
Um der Signora, die da thront,
Mit Tönen aufzuwarten.

Er räuspert sich, er macht sich lang,
Er singt und streicht die Fiedel,
Er singt, was er schon öfter sang.
Du kennst das alte Liedel.

Und wenn du gut geschlafen hast
Und lächelst hold hernieder,
Dann kommt der Kerl, ich fürchte fast,
Zum nächsten Juni wieder.

Schein und Sein

Mein Kind, es sind allhier die Dinge,
Gleichviel, ob große, ob geringe,
Im wesentlichen so verpackt,
Daß man sie nicht wie Nüsse knackt.

Wie wolltest du dich unterwinden,
Kurzweg die Menschen zu ergründen.
Du kennst sie nur von außenwärts.
Du siehst die Weste, nicht das Herz.

Woher, wohin?

Wo sich Ewigkeiten dehnen,
Hören die Gedanken auf,
Nur der Herzen frommes Sehnen
Ahnt, was ohne Zeitenlauf.

Wo wir waren, wo wir bleiben,
Sagt kein kluges Menschenwort;
Doch die Grübelgeister schreiben:
Bist du weg, so bleibe fort.

Laß dich nicht aufs neu gelüsten.
Was geschah, es wird geschehn.
Ewig an des Lebens Küsten
Wirst du scheiternd untergehn.

Der Renommist

In einem Winkel, genannt die Butze,
Wo allerlei Kram,
Der nichts mehr nutze,
Zusammenkam;
Bei alten Hüten, alten Vasen,
Bei Töpfen, ohne Henkel und Nasen,
Befand sich ein Reiterstiefel auch,
Jetzt nur noch ein faltiger Lederschlauch.
Großmächtig hat er das Wort geführt
Und ganz gewaltiglich renommiert:

»Ha, damals! Ich und mein Kamerad!
Immer fein gewichst von hinten und vorn,
Blitzblank der Sporn,
Durch die Straßen geklirrt,

Alle Herzen verwirrt,
Es war ein Staat!
Hurra, der Krieg,
Maustot oder Sieg!
Unser Herr Leutenant,
Schneidig, Schwert in der Hand;
Doch hätt ich nicht gespornt sein Pferd,
Verloren wär die Schlacht von Wörth.«

In dem Moment, zu aller Schrecke,
Trat plötzlich hervor aus seiner Ecke
Ein strammer Reiserbesen.
»Hinaus!« rief er, »du alter Renommist!
Was schert es uns, was du gewesen;
Wir sehen, was du bist!« –

Ein Schubbs. Ein Schwung.
Der Stiefel liegt draußen auf dem Dung.

Empfehlung

Du bist nervös. Drum lies doch mal
Das Buch, das man dir anempfahl.

Es ist beinah wie eine Reise
Im alten wohlbekannten Gleise.

Der Weg ist grad und flach das Land,
Rechts, links und unten nichts wie Sand.
Kein Räderlärm verbittert dich,
Kein harter Stoß erschüttert dich,
Und bald umfängt dich sanft und kühl
Ein Kaumvorhandenseinsgefühl.
Du bist behaglich eingenickt.
Dann, wenn du angenehm erquickt,
Kehrst du beim »stillen Wirte« ein.
Da gibt es weder Bier noch Wein.

Du schlürfst ein wenig Äpfelmost,
Ißt eine leichte Löffelkost
Mit wenig Fett und vieler Grütze,
Gehst früh zu Bett in spitzer Mütze
Und trinkst zuletzt ein Gläschen Wasser.

Schlaf wohl, und segne den Verfasser!

Doppelte Freude

Ein Herr warf einem Bettelmann
Fünf Groschen in den Felber.
Das tat dem andern wohl, und dann
Tat es auch wohl ihm selber.

Der eine, weil er gar so gut,
Kann sich von Herzen loben;
Der andre trinkt sich frischen Mut
Und fühlt sich auch gehoben.

So und so

Zur Schenke lenkt mit Wohlbehagen
Er jeden Abend seinen Schritt
Und bleibt, bis daß die Lerchen schlagen.
Er singt die letzte Strophe mit.

Dagegen ist es zu beklagen,
Daß er die Kirche nie betritt.
Hier, leider, kann man niemals sagen:
Er singt die letzte Strophe mit.

Der fremde Hund

Was fällt da im Boskettgesträuch
Dem fremden Hunde ein?
Geht man vorbei, so bellt er gleich
Und scheint wie toll zu sein.

Der Gärtner holt die Flinte her.
Es knallt im Augenblick.
Der arme Hund, getroffen schwer,
Wankt ins Gebüsch zurück.

Vier kleine Hündchen liegen hier
Nackt, blind und unbewußt.
Sie saugen emsig alle vier
An einer toten Brust.

Wanderlust

Die Zeit, sie orgelt emsig weiter,
Sein Liedchen singt dir jeder Tag,
Vermischt mit Tönen, die nicht heiter,
Wo keiner was von hören mag.

Sie klingen fort. Und mit den Jahren
Wird draus ein voller Singverein.
Es ist, um aus der Haut zu fahren.
Du möchtest gern woanders sein.

Nun gut. Du mußt ja doch verreisen.
So fülle denn den Wanderschlauch.
Vielleicht vernimmst du neue Weisen,
Und Hühneraugen kriegst du auch.

Modern

Hinweg mit diesen alten Herrn,
Sie sind zu nichts mehr nütz!
So rufen sie und nähmen gern
Das Erbe in Besitz.

Wie andre Erben, die in Not,
Vergeblich warten sie.
Der alte reiche Hoffetot
Der stirbt bekanntlich nie.

So war's

Der Teetopf war so wunderschön,
Sie liebt ihn wie ihr Leben.
Sie hat ihm leider aus Versehn
Den Todesstoß gegeben.

Was sie für Kummer da empfand,
Nie wird sie es vergessen.
Sie hielt die Scherben aneinand
Und sprach: So hat's gesessen!

Die Nachbarskinder

Wer andern gar zu wenig traut,
Hat Angst an allen Ecken;
Wer gar zu viel auf andre baut,
Erwacht mit Schrecken.

Es trennt sie nur ein leichter Zaun,
Die beiden Sorgengründer;
Zu wenig und zu viel Vertraun
Sind Nachbarskinder.

Von selbst

Spare deine guten Lehren
Für den eigenen Genuß.
Kaum auch wirst du wen bekehren,
Zeigst du, wie man's machen muß.

Laß ihn im Galoppe tollen,
Reite ruhig deinen Trab.
Ein zu ungestümes Wollen
Wirft von selbst den Reiter ab.

Niemals

Wonach du sehnlich ausgeschaut,
Es wurde dir beschieden.
Du triumphierst und jubelst laut:
Jetzt hab ich endlich Frieden!

Ach, Freundchen, rede nicht so wild.
Bezähme deine Zunge.
Ein jeder Wunsch, wenn er erfüllt,
Kriegt augenblicklich Junge.

Eitelkeit

Ein Töpfchen stand im Dunkeln
An stillverborgener Stelle.
Ha, rief es, wie wollt ich funkeln,
Käm ich nur mal ins Helle.

Ihm geht es wie vielen Narren.
Säß einer auch hinten im Winkel,
So hat er doch seinen Sparren
Und seinen aparten Dünkel.

Beruhigt

Zwei mal zwei gleich vier ist Wahrheit.
Schade, daß sie leicht und leer ist,
Denn ich wollte lieber Klarheit
Über das, was voll und schwer ist.

Emsig sucht ich aufzufinden,
Was im tiefsten Grunde wurzelt,
Lief umher nach allen Winden
Und bin oft dabei gepurzelt.

Endlich baut ich eine Hütte.
Still nun zwischen ihren Wänden
Sitz ich in der Welten Mitte,
Unbekümmert um die Enden.

Fehlgeschossen

Fritz war ein kecker Junge
Und sehr geläufig mit der Zunge.
Einstmals ist er beim Ährenlesen
Draußen im Felde gewesen,
Wo die Weizengarben, je zu zehn,
Wie Häuslein in der Reihe stehn.
Ein Wetter zog herauf.
Da heißt es: Lauf!
Und flink, wie ein Mäuslein,
Schlüpft er ins nächste Halmenhäuslein.
Krach! – Potztausendnochmal!
Dicht daneben zündet der Wetterstrahl.
Ätsch! rief der Junge, der nicht bange,
Und streckt die Zunge aus, die lange:
Fehlgeschossen, Herr Blitz!
Hier saß der Fritz!

Unbillig

Nahmst du in diesem großen Haus
Nicht selbst Quartier?
Mißfällt es dir, so zieh doch aus.
Wer hält dich hier?

Und schimpfe auf die Welt, mein Sohn,
Nicht gar zu laut.
Eh du geboren, hast du schon
Mit dran gebaut.

Beneidenswert

Sahst du noch nie die ungemeine
Und hohe Kunstgelenkigkeit,
Sowohl der Flügel wie der Beine,
Im Tierbereich mit stillem Neid?

Sieh nur, wie aus dem Felsgeklüfte
Auf seinen Schwingen wunderbar
Bis zu den Wolken durch die Lüfte
In stolzen Kreisen schwebt der Aar.

Sieh nur das Tierchen, das geringe,
Das zu benennen sich nicht ziemt,
Es ist durch seine Meistersprünge,
Wenn nicht beliebt, so doch berühmt.

Leicht zu erlegen diese beiden,
Das schlag dir lieber aus dem Sinn.
Wer es versucht, der wird bescheiden,
Sei's Jäger oder Jägerin.

Auch er

Rührend schöne Herzgeschichten,
Die ihm vor der Seele schweben,
Weiß der Dichter zu berichten.
Wovon aber soll er leben?

Was er fein zusammenharkte,
Sauber eingebundne Werklein,
Führt er eben auch zum Markte,
Wie der Bauer seine Ferklein.

Verzeihlich

Er ist ein Dichter, also eitel.
Und, bitte, nehmt es ihm nicht krumm,
Zieht er aus seinem Lügenbeutel
So allerlei Brimborium.

Juwelen, Gold und stolze Namen,
Ein hohes Schloß im Mondenschein
Und schöne höchstverliebte Damen,
Dies alles nennt der Dichter sein.

Indessen ist ein enges Stübchen
Sein ungeheizter Aufenthalt.
Er hat kein Geld, er hat kein Liebchen,
Und seine Füße werden kalt.

So nicht

Ums Paradies ging eine Mauer
Hübsch hoch vom besten Marmelstein.
Der Kain, als ein Bub ein schlauer,
Denkt sich: Ich komme doch hinein.

Er stieg hinauf zu diesem Zwecke
An einer Leiter mäuschenstumm.
Da schlich der Teufel um die Ecke
Und stieß ihn samt der Leiter um.

Der Vater Adam, der's gesehen,
Sprach, während er ihn liegen ließ:
»Du Schlingel! Dir ist recht geschehen.
So kommt man nicht ins Paradies.«

Befriedigt

Er 'hört, als eines von den Lichtern,
Die höher stets und höher steigen,
Bereits zu unsern besten Dichtern,
Das läßt sich leider nicht verschweigen.

Was weiß man von den Sittenrichtern? –
Er lebt von seiner Frau geschieden,
Hat Schulden, ist nicht immer nüchtern –
Aha, jetzt sind wir schon zufrieden!

Armer Haushalt

Weh, wer ohne rechte Mittel
Sich der Poesie vermählt.
Täglich dünner wird der Kittel,
Und die Milch im Hause fehlt.

Ängstlich schwitzend muß er sitzen,
Fort ist seine Seelenruh,
Und vergeblich an den Zitzen
Zupft er seine magre Kuh.

Ärgerlich

Aus der Mühle schaut der Müller,
Der so gerne mahlen will.
Stiller wird der Wind und stiller,
Und die Mühle stehet still.

So geht's immer, wie ich finde,
Rief der Müller voller Zorn.
Hat man Korn, so fehlt's am Winde,
Hat man Wind, so fehlt das Korn.

Gedrungen

Schnell wachsende Keime
Welken geschwinde;
Zu lange Bäume
Brechen im Winde.

Schätz nach der Länge
Nicht das Entsprungne;
Fest im Gedränge
Steh das Gedrungne.

Im Sommer

In Sommerbäder
Reist jetzt ein jeder
Und lebt famos.
Der arme Dokter,
Zu Hause hockt er
Patientenlos.

Von Winterszenen,
Von schrecklich schönen,
Träumt sein Gemüt,
Wenn, Dank Ihr Götter,
Bei Hundewetter
Sein Weizen blüht.

Künftig

Oh komm herbei, du goldne Zeit,
Wenn alle, die jetzt bummeln,
In schöner Unparteilichkeit
Sich bei der Arbeit tummeln.

Der Lärm, womit der Musikant
Uns stört, wird dann geringer.
Wer Dünger fuhr, wer Garben band,
Dem krümmen sich die Finger.

Vergeblich

Schon recht. Du willst als Philosoph
Die Wahrheit dir gewinnen;
Du machst mit Worten ihr den Hof,
Um so sie einzuspinnen.

Nur sage nicht, daß zwischen dir
Und ihr schon alles richtig.
Sie ist und bleibt, das wissen wir,
Jungfräulich, keusch und züchtig.

Versäumt

Zur Arbeit ist kein Bub geschaffen,
Das Lernen findet er nicht schön:
Er möchte träumen, möchte gaffen
Und Vogelnester suchen gehn.

Er liebt es, lang im Bett zu liegen.
Und wie es halt im Leben geht:
Grad zu den frühen Morgenzügen
Kommt man am leichtesten zu spät.

Wassermuhmen

In dem See die Wassermuhmen
Wollen ihr Vergnügen haben,
Fangen Mädchen sich und Knaben,
Machen Frösche draus und Blumen.

Wie die Blümlein zierlich knicksen,
Wie die Fröschlein zärtlich quacken,
Wie sie flüstern, wie sie schnacken,
So was freut die alten Nixen.

Das Blut

Wie ein Kranker, den das Fieber
Heiß gemacht und aufgeregt,
Sich herüber und hinüber
Auf die andre Seite legt —

So die Welt. Vor Haß und Hader
Hat sie niemals noch geruht.
Immerfort durch jede Ader
Tobt das alte Sünderblut.

Bis auf weiters

Das Messer blitzt, die Schweine schrein,
Man muß sie halt benutzen,
Denn jeder denkt: Wozu das Schwein,
Wenn wir es nicht verputzen?

Und jeder schmunzelt, jeder nagt
Nach Art der Kannibalen,
Bis man dereinst Pfui Teufel! sagt
Zum Schinken aus Westfalen.

Gründer

Geschäftig sind die Menschenkinder,
Die große Zunft von kleinen Meistern,
Als Mitbegründer, Miterfinder
Sich diese Welt zurechtzukleistern.

Nur leider kann man sich nicht einen,
Wie man das Ding am besten mache.
Das Bauen mit belebten Steinen
Ist eine höchst verzwickte Sache.

Welch ein Gedrängel und Getriebe
Von Lieb und Haß bei Nacht und Tage,
Und unaufhörlich setzt es Hiebe,
Und unaufhörlich tönt die Klage.

Gottlob, es gibt auch stille Leute,
Die meiden dies Gewühl und hassen's
Und bauen auf der andern Seite
Sich eine Welt des Unterlassens.

Laß ihn

Er ist verliebt, laß ihn gewähren,
Bekümmre dich um dein Pläsier,
Und kommst du gar, ihn zu bekehren,
Wirft er dich sicher vor die Tür.

Mit Gründen ist da nichts zu machen.
Was einer mag, ist seine Sach,
Denn kurz gesagt: In Herzenssachen
Geht jeder seiner Nase nach.

Entrüstet

Zu gräßlich hatt er mich geneckt.
Wie weh war mir zu Sinn.
Und tief gekränkt und aufgeschreckt
Zum Kirchhof lief ich hin.

Ich saß auf einem Leichenstein,
Die Augen weint ich rot,
Ach lieber Gott, erbarm dich mein
Und mach mich endlich tot.

Sieht er mich dann in meinem Sarg,
So wird er lebenssatt
Und stirbt vor Gram, weil er so arg
Mein Herz behandelt hat.

Kaum war's gesagt, so legten sich
Zwei Arme um mich her,
Und auf der Stelle fühlte ich,
Wer das getan, war er.

Wir kehrten Arm in Arm zurück.
Ich sah ihn an bei Licht.
Nein, solchen treuen Liebesblick
Hat doch kein Bösewicht.

Wiedergeburt

Wer nicht will, wird nie zunichte,
Kehrt beständig wieder heim.
Frisch herauf zum alten Lichte
Dringt der neue Lebenskeim.

Keiner fürchte zu versinken,
Der ins tiefe Dunkel fährt.
Tausend Möglichkeiten winken
Ihm, der gerne wiederkehrt.

Dennoch seh ich dich erbeben,
Eh du in die Urne langst.
Weil dir bange vor dem Leben,
Hast du vor dem Tode Angst.

Frisch gewagt

Es kamen mal zwei Knaben
An einen breiten Graben.
Der erste sprang hinüber,
Schlankweg je eh'r je lieber.
War das nicht keck?
Der zweite, fein besonnen,
Eh er das Werk begonnen,
Sprang in den Dreck.

Glückspilz

Geboren ward er ohne Wehen
Bei Leuten, die mit Geld versehen.
Er schwänzt die Schule, lernt nicht viel,
Hat Glück bei Weibern und im Spiel,
Nimmt eine Frau sich, eine schöne,
Erzeugt mit ihr zwei kluge Söhne,
Hat Appetit, kriegt einen Bauch,
Und einen Orden kriegt er auch,
Und stirbt, nachdem er aufgespeichert
Ein paar Milliönchen, hochbetagt;
Obgleich ein jeder weiß und sagt:
Er war mit Dummerjan geräuchert!

Verfrüht

Papa, nicht wahr,
Im nächsten Jahr,
Wenn ich erst groß
Und lesen kann und schreiben kann,
Dann krieg ich einen hübschen Mann
Mit einer Ticktackuhr
An einer goldnen Schnur.
Der nimmt mich auf den Schoß
Und sagt zu mir: Mein Engel,
Und gibt mir Zuckerkrengel
Und Kuchen und Pasteten.
Nicht wahr, Papa?

Der Vater brummt: Na na,
Was ist das für Gefabel.
Die Vögel, die dann flöten,
Die haben noch keinen Schnabel.

Immerfort

Das Sonnenstäubchen fern im Raume,
Das Tröpfchen, das im Grase blinkt,
Das dürre Blättchen, das vom Baume
Im Hauch des Windes niedersinkt –

Ein jedes wirkt an seinem Örtchen
Still weiter, wie es muß und mag,
Ja selbst ein leises Flüsterwörtchen
Klingt fort bis an den jüngsten Tag.

Nörgeln

Nörgeln ist das Allerschlimmste,
Keiner ist davon erbaut;
Keiner fährt, und wär's der Dümmste,
Gern aus seiner werten Haut.

Vertraut

Wie liegt die Welt so frisch und tauig
Vor mir im Morgensonnenschein.
Entzückt vom hohen Hügel schau ich
Ins frühlingsgrüne Tal hinein.

Mit allen Kreaturen bin ich
In schönster Seelenharmonie.
Wir sind verwandt, ich fühl es innig,
Und eben darum lieb ich sie:

Und wird auch mal der Himmel grauer;
Wer voll Vertraun die Welt besieht,
Den freut es, wenn ein Regenschauer
Mit Sturm und Blitz vorüberzieht.

Tröstlich

Die Lehre von der Wiederkehr
Ist zweifelhaften Sinns.
Es fragt sich sehr, ob man nachher
Noch sagen kann: Ich bin's.

Allein was tut's, wenn mit der Zeit
Sich ändert die Gestalt?
Die Fähigkeit zu Lust und Leid
Vergeht wohl nicht so bald.

Zwei Jungfern

Zwei Jungfern gibt es in Dorf und Stadt,
Sie leben beständig im Kriege,
Die Wahrheit, die niemand gerne hat,
Und die scharmante Lüge.

Vor jener, weil sie stolz und prüd
Und voll moralischer Nücken,
Sucht jeder, der sie nur kommen sieht,
Sich schleunigst wegzudrücken.

Die andre, obwohl ihr nicht zu traun,
Wird täglich beliebter und kecker,
Und wenn wir sie von hinten beschaun,
So hat sie einen Höcker.

Rechthaber

Seine Meinung ist die rechte,
Wenn er spricht, müßt ihr verstummen,
Sonst erklärt er euch für Schlechte
Oder nennt euch gar die Dummen.

Leider sind dergleichen Strolche
Keine seltene Erscheinung.
Wer nicht taub, der meidet solche
Ritter von der eignen Meinung.

Unfrei

Ganz richtig, diese Welt ist nichtig.
Auch du, der in Person erscheint,
Bist ebenfalls nicht gar so wichtig,
Wie deine Eitelkeit vermeint.

Was hilft es dir, damit zu prahlen,
Daß du ein freies Menschenkind?
Mußt du nicht pünktlich Steuern zahlen,
Obwohl sie dir zuwider sind?

Wärst du vielleicht auch, sozusagen,
Erhaben über gut und schlecht,
Trotzdem behandelt dich dein Magen
Als ganz gemeinen Futterknecht.

Lang bleibst du überhaupt nicht munter.
Das Alter kommt und zieht dich krumm
Und stößt dich rücksichtslos hinunter
Ins dunkle Sammelsurium.

Daselbst umfängt dich das Gewimmel
Der Unsichtbaren, wie zuerst,
Eh du erschienst, und nur der Himmel
Weiß, ob und wann du wiederkehrst.

Bös und Gut

Wie kam ich nur aus jenem Frieden
Ins Weltgetös?
Was einst vereint, hat sich geschieden,
Und das ist bös.

Nun bin ich nicht geneigt zum Geben,
Nun heißt es: Nimm!
Ja, ich muß töten, um zu leben,
Und das ist schlimm.

Doch eine Sehnsucht blieb zurücke,
Die niemals ruht.
Sie zieht mich heim zum alten Glücke,
Und das ist gut.

Zu guter Letzt

Beschränkt

Halt dein Rößlein nur im Zügel,
Kommst ja doch nicht allzuweit.
Hinter jedem neuen Hügel
Dehnt sich die Unendlichkeit.
Nenne niemand dumm und säumig,
Der das Nächste recht bedenkt.
Ach, die Welt ist so geräumig,
Und der Kopf ist so beschränkt.

Geschmacksache

Dies für den und das für jenen.
Viele Tische sind gedeckt.
Keine Zunge soll verhöhnen,
Was der andern Zunge schmeckt.

Lasse jedem seine Freuden,
Gönn ihm, daß er sich erquickt,
Wenn er sittsam und bescheiden
Auf den eignen Teller blickt.

Wenn jedoch bei deinem Tisch er
Unverschämt dich neckt und stört,
Dann so gib ihm einen Wischer,
Daß er merkt, was sich gehört.

Durchweg lebendig

Nirgend sitzen tote Gäste.
Allerorten lebt die Kraft.
Ist nicht selbst der Fels, der feste,
Eine Kraftgenossenschaft?

Durch und durch aus Eigenheiten,
So und so zu sein bestrebt,
Die sich lieben, die sich streiten,
Wird die bunte Welt gewebt.

Hier gelingt es, da mißglückt es.
Wünsche finden keine Rast.
Unterdrücker, Unterdrücktes,
Jedes Ding hat seine Last.

Die Seelen

Der Fährmann lag in seinem Schiff
Beim Schein des Mondenlichts,
Als etwas kam und rief und pfiff,
Doch sehen tat er nichts.

Ihm war, als stiegen hundert ein.
Das Schifflein wurde schwer.
Flink, Fährmann, fahr uns übern Rhein,
Die Zahlung folgt nachher.

Und als er seine Pflicht getan,
Da ging es klinglingling,
Da warf ein Goldstück in den Kahn
Jedwedes Geisterding.

Husch, weg und weiter zog die Schar.
Verwundert steht der Mann:
So Seelen sind zwar unsichtbar
Und doch ist etwas dran.

Nachruhm

Ob er gleich von hinnen schied,
Ist er doch geblieben,
Der so manches schöne Lied
Einst für uns geschrieben.

Unser Mund wird ihn entzückt
Lange noch erwähnen,
Und so lebt er hochbeglückt
Zwischen hohlen Zähnen.

Der alte Narr

Ein Künstler auf dem hohen Seil,
Der alt geworden mittlerweil,
Stieg eines Tages vom Gerüst
Und sprach: Nun will ich unten bleiben
Und nur noch Hausgymnastik treiben,
Was zur Verdauung nötig ist.

Da riefen alle: Oh, wie schad!
Der Meister scheint doch allmächgrad
Zu schwach und steif zum Seilbesteigen!

Ha! denkt er. Dieses wird sich zeigen!
Und richtig, eh der Markt geschlossen,
Treibt er aufs neu die alten Possen
Hoch in der Luft und zwar mit Glück,
Bis auf ein kleines Mißgeschick.

Er fiel herab in großer Eile
Und knickte sich die Wirbelsäule.

Der alte Narr! Jetzt bleibt er krumm!
So äußert sich das Publikum.

Die Tute

Wenn die Tante Adelheide
Als Logierbesuch erschien,
Fühlte Fritzchen große Freude,
Denn dann gab es was für ihn.

Immer hat die liebe Gute
Tief im Reisekorb versteckt
Eine angenehme Tute,
Deren Inhalt köstlich schmeckt.

Täglich wird dem braven Knaben
Draus ein hübsches Stück beschert,
Bis wir schließlich nichts mehr haben
Und die Tante weiterfährt.

Mit der Post fuhr sie von hinnen.
Fritzchens Trauer ist nur schwach.
Einer Tute, wo nichts drinnen,
Weint man keine Träne nach.

Unberufen

Gestützt auf seine beiden Krücken,
Die alte Kiepe auf dem Rücken,
Ging durch das Dorf ein Bettelmann
Und klopfte stets vergeblich an.

Erst aus dem allerletzten Haus
Kam eine gute Frau heraus,
Die grad den dritten Mann begraben,
Daher geneigt zu milden Gaben,
Und legt in seines Korbes Grund
Ein Brot von mehr als sieben Pfund.

Ein schmaler Steg führt gleich danach
Ihn über einen Rauschebach.

Jetzt hab ich Brot, jetzt bin ich glücklich!
So rief er froh, und augenblicklich
Fiel durch den Korb, der nicht mehr gut,
Sein Brot hinunter in die Flut.

Das kommt von solchem Übermut.

Kränzchen

In der ersten Nacht des Maien
Läßt's den Hexen keine Ruh.
Sich gesellig zu erfreuen,
Eilen sie dem Brocken zu.

Dorten haben sie ihr Kränzchen.
Man verleumdet, man verführt,
Macht ein lasterhaftes Tänzchen,
Und der Teufel präsidiert.

Nicht beeidigt

Willst du gelobt sein, so verzichte
Auf kindlich blödes Wesen.
Entschließ dich, deine himmlischen Gedichte
Den Leuten vorzulesen.

Die Welt ist höflich und gesellig,
Und eh man dich beleidigt,
Sagt wohl ein jeder leicht, was dir gefällig,
Denn keiner ist beeidigt.

Die Schändliche

Sie ist ein reizendes Geschöpfchen,
Mit allen Wassern wohl gewaschen;
Sie kennt die süßen Sündentöpfchen
Und liebt es, häufig draus zu naschen.

Da bleibt den sittlich Hochgestellten
Nichts weiter übrig, als mit Freuden
Auf diese Schandperson zu schelten
Und sie mit Schmerzen zu beneiden.

Bewaffneter Friede

Ganz unverhofft, an einem Hügel,
Sind sich begegnet Fuchs und Igel.

Halt, rief der Fuchs, du Bösewicht.
Kennst du des Königs Ordre nicht?

Ist nicht der Friede längst verkündigt,
Und weißt du nicht, daß jeder sündigt,
Der immer noch gerüstet geht?
Im Namen seiner Majestät,
Geh her und übergib dein Fell.

Der Igel sprach: Nur nicht so schnell.
Laß dir erst deine Zähne brechen,
Dann wollen wir uns weiter sprechen.

Und allsogleich macht er sich rund,
Schließt seinen dichten Stachelbund
Und trotzt getrost der ganzen Welt,
Bewaffnet, doch als Friedensheld.

Die Affen

Der Bauer sprach zu seinem Jungen:
Heut in der Stadt da wirst du gaffen.
Wir fahren hin und sehn die Affen.
Es ist gelungen
Und um sich schief zu lachen,
Was die für Streiche machen
Und für Gesichter,
Wie rechte Bösewichter.
Sie krauen sich,
Sie zausen sich,
Sie hauen sich,
Sie lausen sich,
Beschnuppern dies, beknuppern das,
Und keiner gönnt dem andern was,
Und essen tun sie mit der Hand,
Und alles tun sie mit Verstand,
Und jeder stiehlt als wie ein Rabe.
Paß auf, das siehst du heute.

Oh Vater, rief der Knabe,
Sind Affen denn auch Leute?

Der Vater sprach: Nun ja,
Nicht ganz, doch so beinah.

Zauberschwestern

Zwiefach sind die Phantasien,
Sind ein Zauberschwesternpaar,
Sie erscheinen, singen, fliehen
Wesenlos und wunderbar.

Eine ist die himmelblaue,
Die uns froh entgegenlacht,
Doch die andre ist die graue,
Welche angst und bange macht.

Jene singt von lauter Rosen,
Singt von Liebe und Genuß;
Diese stürzt den Hoffnungslosen
Von der Brücke in den Fluß.

Die Schnecken

Rötlich dämmert es im Westen
Und der laute Tag verklingt,
Nur daß auf den höchsten Ästen
Lieblich noch die Drossel singt.

Jetzt in dichtbelaubten Hecken,
Wo es still verborgen blieb,

Rüstet sich das Volk der Schnecken
Für den nächtlichen Betrieb.

Tastend streckt sich ihr Gehörne.
Schwach nur ist das Augenlicht.
Dennoch schon aus weiter Ferne
Wittern sie ihr Leibgericht.

Schleimig, säumig, aber stete,
Immer auf dem nächsten Pfad,
Finden sie die Gartenbeete
Mit dem schönsten Kopfsalat.

Hier vereint zu ernsten Dingen,
Bis zum Morgensonnenschein,
Nagen sie geheim und dringen
Tief ins grüne Herz hinein.

Darum braucht die Köchin Jettchen
Dieses Kraut nie ohne Arg.
Sorgsam prüft sie jedes Blättchen,
Ob sich nichts darin verbarg.

Sie hat Furcht, den Zorn zu wecken
Ihres lieben gnädgen Herrn.
Kopfsalat, vermischt mit Schnecken,
Mag der alte Kerl nicht gern.

Sehnsucht

Schon viel zu lang
Hab ich der Bosheit mich ergeben.
Ich lasse töten, um zu leben,
Und bös macht bang.

Denn niemals ruht
Die Stimme in des Herzens Tiefe,
Als ob es zärtlich klagend riefe:
Sei wieder gut.

Und frisch vom Baum
Den allerschönsten Apfel brach ich.
Ich biß hinein, und seufzend sprach ich,
Wie halb im Traum:

Du erstes Glück,
Du alter Paradiesesfrieden,
Da noch kein Lamm den Wolf gemieden,
Oh komm zurück!

Seelenwanderung

Wohl tausendmal schon ist er hier
Gestorben und wiedergeboren,
Sowohl als Mensch wie auch als Tier,
Mit kurzen und langen Ohren.

Jetzt ist er ein armer blinder Mann,
Es zittern ihm alle Glieder,
Und dennoch, wenn er nur irgend kann,
Kommt er noch tausendmal wieder.

Pst!

Es gibt ja leider Sachen und Geschichten,
Die reizend und pikant,
Nur werden sie von Tanten und von Nichten
Niemals genannt.

Verehrter Freund, so sei denn nicht vermessen,
Sei zart und schweig auch du.
Bedenk: Man liebt den Käse wohl, indessen
Man deckt ihn zu.

Die Meise

Auguste, wie fast jede Nichte,
Weiß wenig von Naturgeschichte.
Zu bilden sie in diesem Fache,
Ist für den Onkel Ehrensache.

Auguste, sprach er, glaub es mir,
Die Meise ist ein nettes Tier.
Gar zierlich ist ihr Leibesbau,
Auch ist sie schwarz, weiß, gelb und blau.
Hell flötet sie und klettert munter
Am Strauch kopfüber und kopfunter.
Das härtste Korn verschmäht sie nicht,
Sie hämmert, bis die Schale bricht.
Mohnköpfen bohrt sie mit Verstand
Ein Löchlein in den Unterrand,
Weil dann die Sämerei gelind
Von selbst in ihren Schnabel rinnt.
Nicht immer liebt man Fastenspeisen,
Der Grundsatz gilt auch für die Meisen.
Sie gucken scharf in alle Ritzen,
Wo fette Käferlarven sitzen,
Und fangen sonst noch Myriaden
Insekten, die dem Menschen schaden,
Und hieran siehst du außerdem,
Wie weise das Natursystem. –
So zeigt er, wie die Sache lag.

Es war kurz vor Martinitag.
Wer dann vernünftig ist und kann's
Sich leisten, kauft sich eine Gans.

Auch an des Onkels Außengiebel
Hing eine solche, die nicht übel,
Um, nackt im Freien aufgehangen,
Die rechte Reife zu erlangen.
Auf diesen Braten freute sich
Der Onkel sehr und namentlich
Vor allem auf die braune Haut,
Obgleich er sie nur schwer verdaut.

Martini kam, doch kein Arom
Von Braten spürt der gute Ohm.
Statt dessen trat voll Ungestüm
Die Nichte ein und zeigte ihm
Die Gans, die kaum noch Gans zu nennen,
Ein Scheusal, nicht zum Wiederkennen,
Zernagt beinah bis auf die Knochen.
Kein Zweifel war, wer dies verbrochen,
Denn deutlich lehrt der Augenschein,
Es konnten nur die Meisen sein.
Also ade! du braune Kruste.

Ja, lieber Onkel, sprach Auguste,
Die gern, nach weiblicher Manier,
Bei einem Irrtum ihn ertappt:
Die Meise ist ein nettes Tier.
Da hast du wieder recht gehabt.

Pfannekuchen und Salat

Von Fruchtomletts da mag berichten
Ein Dichter aus den höhern Schichten.

Wir aber, ohne Neid nach oben,
Mit bürgerlicher Zunge loben
Uns Pfannekuchen und Salat.

Wie unsre Liese delikat
So etwas backt und zubereitet,
Sei hier in Worten angedeutet.

Drei Eier, frisch und ohne Fehl,
Und Milch und einen Löffel Mehl,
Die quirlt sie fleißig durcheinand
Zu einem innigen Verband.

Sodann, wenn Tränen auch ein Übel,
Zerstückelt sie und mengt die Zwiebel
Mit Öl und Salz zu einer Brühe,
Daß der Salat sie an sich ziehe.

Um diesen ferner herzustellen,
Hat sie Kartoffeln abzupellen.
Da heißt es, fix die Finger brauchen,
Den Mund zu spitzen und zu hauchen,
Denn heiß geschnitten nur allein
Kann der Salat geschmeidig sein.

Hierauf so geht es wieder heiter
Mit unserm Pfannekuchen weiter.

Nachdem das Feuer leicht geschürt,
Die Pfanne sorgsam auspoliert,
Der Würfelspeck hineingeschüttelt,
So daß es lustig brät und brittelt,
Pisch, kommt darüber mit Gezisch
Das ersterwähnte Kunstgemisch.

Nun zeigt besonders und apart
Sich Lieschens Geistesgegenwart,
Denn nur zu bald, wie allbekannt,
Ist solch ein Kuchen angebrannt.

Sie prickelt ihn, sie stockert ihn,
Sie rüttelt, schüttelt, lockert ihn
Und lüftet ihn, bis augenscheinlich

Die Unterseite eben bräunlich,
Die umgekehrt geschickt und prompt
Jetzt ihrerseits nach oben kommt.

Geduld, es währt nur noch ein bissel,
Dann liegt der Kuchen auf der Schüssel.

Doch späterhin die Einverleibung,
Wie die zu Mund und Herzen spricht,
Das spottet jeglicher Beschreibung,
Und darum endet das Gedicht.

Glaube

Stark in Glauben und Vertrauen,
Von der Burg mit festen Türmen
Kannst du dreist herniederschauen.
Keiner wird sie je erstürmen.

Laß sie graben, laß sie schanzen,
Stolze Ritter, grobe Bauern,
Ihre Flegel, ihre Lanzen
Prallen ab von deinen Mauern.

Aber hüte dich vor Zügen
In die Herrschaft des Verstandes,
Denn sogleich sollst du dich fügen
Den Gesetzen seines Landes.

Bald umringen dich die Haufen,
Und sie ziehen dich vom Rosse,
Und du mußt zu Fuße laufen
Schleunig heim nach deinem Schlosse.

Kopf und Herz

Wie es scheint, ist die Moral
Nicht so bald beleidigt,
Während Schlauheit allemal
Wütend sich verteidigt.

Nenn den Schlingel liederlich,
Leicht wird er's verdauen;
Nenn ihn dumm, so wird er dich,
Wenn er kann, verhauen.

Der kluge Kranich

Ich bin mal so, sprach Förster Knast,
Die Flunkerei ist mir verhaßt,
Doch sieht man oft was Sonderbares.

Im Frühling vor fünf Jahren war es,
Als ich stockstill, den Hahn gespannt,
Bei Mondschein vor dem Walde stand.
Da läßt sich plötzlich flügelsausend
Ein Kranichheer, wohl an die tausend,
Ganz dicht zu meinen Füßen nieder.
Sie kamen aus Ägypten wieder
Und dachten auf der Reise nun
Sich hier ein Stündchen auszuruhn.

Ich selbstverständlich, schlau und sacht,
Gab sehr genau auf alles acht.

Du, Hans, so rief der Oberkranich,
Hast heut die Wache, drum ermahn ich
Dich ernstlich, halt dich stramm und paß
Gehörig auf, sonst gibt es was.

Bald schlief ein jeder ein und sägte.
Hans aber stand und überlegte.

Er nahm sich einen Kieselstein,
Erhob ihn mit dem rechten Bein
Und hielt sich auf dem linken nur
In Gleichgewicht und Positur.

Der arme Kerl war schrecklich müd.
Erst fiel das linke Augenlid,
Das rechte blinzelt zwar noch schwach,
Dann aber folgt's dem andern nach.
Er schnarcht sogar. Ich denke schon:
Wie wird es dir ergehn, mein Sohn?
So denk ich, doch im Augenblick,
Als ich es dachte, geht es klick!
Der Stein fiel Hänschen auf die Zeh,
Das weckt ihn auf, er schreit auweh!

Er schaut sich um, hat mich gewittert,
Pfeift, daß es Mark und Bein erschüttert,
Und allsogleich im Winkelflug
Entschwebt der ganze Heereszug.

Ich rief hurra! und schwang den Hut.
Der Vogel der gefiel mir gut.
Er lebt auch noch. Schon oft seither
Sah man ihn fern am Schwarzen Meer
Auf einem Bein auf Posten stehn.

Dies schreibt mein Freund der Kapitän,
Und was er sagt, ist ohne Frage
So wahr, als was ich selber sage.

Fink und Frosch

Auf leichten Schwingen frei und flink
Zum Lindenwipfel flog der Fink
Und sang an dieser hohen Stelle
Sein Morgenlied so glockenhelle.

Ein Frosch, ein dicker, der im Grase
Am Boden hockt, erhob die Nase,
Strich selbstgefällig seinen Bauch
Und denkt: Die Künste kann ich auch.

Alsbald am rauhen Stamm der Linde
Begann er, wenn auch nicht geschwinde,
Doch mit Erfolg, emporzusteigen,
Bis er zuletzt von Zweig zu Zweigen,
Wobei er freilich etwas keucht,
Den höchsten Wipfelpunkt erreicht
Und hier sein allerschönstes Quacken
Ertönen läßt aus vollen Backen.

Der Fink, dem dieser Wettgesang
Nicht recht gefällt, entfloh und schwang
Sich auf das steile Kirchendach.

Wart, rief der Frosch, ich komme nach.
Und richtig ist er fortgeflogen,
Das heißt, nach unten hin im Bogen,
So daß er schnell und ohne Säumen,
Nach mehr als zwanzig Purzelbäumen,
Zur Erde kam mit lautem Quack,
Nicht ohne großes Unbehagen.

Er fiel zum Glück auf seinen Magen,
Den dicken weichen Futtersack,
Sonst hätt er sicher sich verletzt.

Heil ihm! Er hat es durchgesetzt.

Verwunschen

Geld gehört zum Ehestande,
Häßlichkeit ist keine Schande,
Liebe ist beinah absurd.
Drum, du nimmst den Junker Jochen
Innerhalb der nächsten Wochen.
Also sprach der Ritter Kurt.

Vater, flehte Kunigunde,
Schone meine Herzenswunde,
Ganz umsonst ist dein Bemühn.
Ja, ich schwör's bei Erd und Himmel,
Niemals nehm ich diesen Lümmel,
Ewig ewig haß ich ihn.

Nun, wenn Worte nicht mehr nützen,
Dann so bleibe ewig sitzen,
Marsch mit dir ins Burgverlies.
Zornig sagte dies der Alte,
Als er in die feuchte, kalte
Kammer sie hinunterstieß.

Jahre kamen, Jahre schwanden.
Nichts im Schlosse blieb vorhanden
Außer Kunigundens Geist.
Dort, wo graue Ratten rasseln,
Sitzt sie zwischen Kellerasseln,
Von dem Feuermolch umkreist.

Heut noch ist es nicht geheuer
In dem alten Burggemäuer
Um die Mitternacht herum.
Wehe, ruft ein weißes Wesen,
Will denn niemand mich erlösen?
Doch die Wände bleiben stumm.

Ungenügend

Sei es freundlich, sei es böse,
Meist genügend klar und scharf
Klingt des Mundes Wortgetöse
Für den täglichen Bedarf.

Doch die Höchstgefühle heischen
Ihren ganz besondern Klang;
Dann sagt grunzen oder kreischen
Mehr als Rede und Gesang.

Scheu und Treu

Er liebte sie in aller Stille.
Bescheiden, schüchtern und von fern
Schielt er nach ihr durch seine Brille
Und hat sie doch so schrecklich gern.

Ein Mücklein, welches an der Nase
Des schönen Kindes saugend saß,
Ertränkte sich in seinem Glase.
Es schmeckt ihm fast wie Ananas.

Sie hatte Haare wie 'ne Puppe,
So unvergleichlich blond und kraus.
Einst fand er eines in der Suppe
Und zog es hochbeglückt heraus.

Er rollt es auf zu einem Löckchen,
Hat's in ein Medaillon gelegt.
Nun hängt es unter seinem Röckchen
Da, wo sein treues Herze schlägt.

Der Wetterhahn

Wie hat sich sonst so schön der Hahn
Auf unserm Turm gedreht
Und damit jedem kundgetan,
Woher der Wind geweht.

Doch seit dem letzten Sturme hat
Er keinen rechten Lauf;
Er hängt so schief, er ist so matt,
Und keiner schaut mehr drauf.

Jetzt leckt man an den Finger halt
Und hält ihn hoch geschwind.
Die Seite, wo der Finger kalt,
Von daher weht der Wind.

Querkopf

Ein eigener Kerl war Krischan Bolte.
Er tat nicht gerne, was er sollte.
Als Kind schon ist er so gewesen.
Religion, Rechtschreiben und Lesen
Fielen für ihn nicht ins Gewicht:

Er sollte zur Schule und wollte nicht.

Später kam er zu Meister Pfriem.
Der zeigte ihm redlich und sagte ihm,
jedoch umsonst, was seine Pflicht:

Er sollte schustern und wollte nicht.

Er wollte sich nun mal nicht quälen,
Deshalb verfiel er auf das Stehlen.

Man faßt ihn, stellt ihn vor Gericht:

Er sollte bekennen und wollte nicht.

Trotzdem verdammt man ihn zum Tode.
Er aber blieb, nach seiner Mode,
Ein widerspenstiger Bösewicht:

Er sollte hängen und wollte nicht.

Noch zwei?

Durch das Feld ging die Familie,
Als mit glückbegabter Hand
Sanft errötend Frau Ottilie
Eine Doppelähre fand.

Was die alte Sage kündet,
Hat sich öfter schon bewährt:
Dem, der solche Ähren findet,
Wird ein Doppelglück beschert.

Vater Franz blickt scheu zur Seite.
Zwei zu fünf, das wäre viel.
Kinder, sprach er, aber heute
Ist es ungewöhnlich schwül.

Wie üblich

Suche nicht apart zu scheinen,
Wandle auf betretnen Wegen.
Meinst du, was die andern meinen,
Kommt man freundlich dir entgegen.

Mancher, auf dem Seitensteige,
Hat sich im Gebüsch verloren,
Und da schlugen ihm die Zweige
Links und rechts um seine Ohren.

Die Teilung

Es hat einmal, so wird gesagt,
Der Löwe mit dem Wolf gejagt.
Da haben sie vereint erlegt
Ein Wildschwein stark und gut gepflegt.

Doch als es ans Verteilen ging,
Dünkt das dem Wolf ein mißlich Ding.

Der Löwe sprach: Was grübelst du?
Glaubst du, es geht nicht redlich zu?
Dort kommt der Fuchs, er mag entscheiden,
Was jedem zukommt von uns beiden.

Gut, sagt der Wolf, dem solch ein Freund
Als Richter gar nicht übel scheint.

Der Löwe winkt dem Fuchs sogleich:
Herr Doktor, das ist was für Euch.
Hier dieses jüngst erlegte Schwein,
Bedenkt es wohl, ist mein und sein.
Ich faßt es vorn, er griff es hinten;
Jetzt teilt es uns, doch ohne Finten.

Der Fuchs war ein Jurist von Fach.
Sehr einfach, spricht er, liegt die Sach.
Das Vorderteil, ob viel ob wenig,
Erhält mit Fug und Recht der König.

Dir aber, Vetter Isegrim,
Gebührt das Hinterteil. Da nimm!

Bei diesem Wort trennt er genau
Das Schwänzlein hinten von der Sau;
Indes der Wolf verschmäht die Beute,
Verneigt sich kurz und geht beiseite.

Fuchs, sprach der Löwe, bleibt bei mir.
Von heut an seid Ihr Großvezier.

Strebsam

Mein Sohn, hast du allhier auf Erden
Dir vorgenommen, was zu werden,

Sei nicht zu keck;

Und denkst du, sei ein stiller Denker.
Nicht leicht befördert wird der Stänker.
Mit Demut salbe deinen Rücken,
Voll Ehrfurcht hast du dich zu bücken,
Mußt heucheln, schmeicheln, mußt dich fügen,
Denn selbstverständlich nur durch Lügen

Kommst du vom Fleck.

Oh, tu's mit Eifer, tu's geduldig,
Bedenk, was du dir selber schuldig.
Das Gönnerherz wird sich erweichen,
Und wohl verdient wirst du erreichen

Den guten Zweck.

Sonst und jetzt

Wie standen ehedem die Sachen
So neckisch da in ihrem Raum.
Schwer war's, ein Bild davon zu machen,
Und selbst der Beste konnt es kaum.

Jetzt, ohne sich zu überhasten,
Stellt man die Guckmaschine fest
Und zieht die Bilder aus dem Kasten,
Wie junge Spatzen aus dem Nest.

Das Brot

Er saß beim Frühstück äußerst grämlich,
Da sprach ein Krümchen Brot vernehmlich:

Aha, so ist es mit dem Orden
Für diesmal wieder nichts geworden.
Ja Freund, wer seinen Blick erweitert
Und schaut nach hinten und nach vorn,
Der preist den Kummer, denn er läutert.
Ich selber war ein Weizenkorn.
Mit vielen, die mir anverwandt,
Lag ich im rauhen Ackerland.
Bedrückt von einem Erdenkloß,
Macht ich mich mutig strebend los.
Gleich kam ein alter Has gehupft
Und hat mich an der Nas gezupft,
Und als es Winter ward, verfror,
Was peinlich ist, mein linkes Ohr,
Und als ich reif mit meiner Sippe,
Oweh, da hat mit seiner Hippe
Der Hans uns rutschweg abgesäbelt
Und zum Ersticken festgeknebelt
Und auf die Tenne fortgeschafft,

Wo ihrer vier mit voller Kraft
In regelrechtem Flegeltakte
Uns klopften, daß die Schwarte knackte.
Ein Esel trug uns nach der Mühle.
Ich sage dir, das sind Gefühle,
Wenn man, zerrieben und gedrillt
Zum allerfeinsten Staubgebild,
Sich kaum besinnt und fast vergißt,
Ob Sonntag oder Montag ist.
Und schließlich schob der Bäckermeister,
Nachdem wir erst als zäher Kleister
In seinem Troge baß gehudelt,
Vermengt, geknetet und vernudelt,
Uns in des Ofens höchste Glut.
Jetzt sind wir Brot. Ist das nicht gut?
Frischauf, du hast genug, mein Lieber,
Greif zu und schneide nicht zu knapp
Und streiche tüchtig Butter drüber
Und gib den andern auch was ab.

Nicht artig

Man ist ja von Natur kein Engel,
Vielmehr ein Welt- und Menschenkind,
Und rings umher ist ein Gedrängel
Von solchen, die dasselbe sind.

In diesem Reich geborner Flegel,
Wer könnte sich des Lebens freun,
Würd es versäumt, schon früh die Regel
Der Rücksicht kräftig einzubläun.

Es saust der Stock, es schwirrt die Rute.
Du darfst nicht zeigen, was du bist.
Wie schad, o Mensch, daß dir das Gute
Im Grunde so zuwider ist.

Der Schatz

Der Stoffel wankte frohbewegt
Spät in der Nacht nach Haus.
Da ging, wie das zu kommen pflegt,
Ihm seine Pfeife aus.

Wer raucht, der raucht nicht gerne kalt.
Wie freut sich Stoffel da,
Als er ganz dicht vor sich im Wald
Ein Kohlenfeuer sah.

Die Kohlen glühn in einem Topf.
Der frohe Stoffel drückt
Gleich eine in den Pfeifenkopf
Und zieht als wie verrückt.

Wohl sieht er, wie die Kohle glüht.
Nur daß sie gar nicht brennt.
Da überläuft es sein Gemüt,
Er flucht Potzzapperment.

Das Wort war hier nicht recht am Platz.
Es folgt ein Donnerschlag.
Versunken ist der Zauberschatz
Bis an den jüngsten Tag.

Die Pfeife fällt vor Schreck und Graus
Auf einen harten Stein.
Ein Golddukaten rollt heraus,
Blitzblank im Mondenschein.

Von nun an, denkt der Stoffel schlau,
Schweig ich am rechten Ort.
Er kehrte heim zu seiner Frau
Und sprach kein einzig Wort.

Drum

Wie dunkel ist der Lebenspfad,
Den wir zu wandeln pflegen.
Wie gut ist da ein Apparat
Zum Denken und Erwägen.

Der Menschenkopf ist voller List
Und voll der schönsten Kniffe;
Er weiß, wo was zu kriegen ist
Und lehrt die rechten Griffe.

Und weil er sich so nützlich macht,
Behält ihn jeder gerne.
Wer stehlen will, und zwar bei Nacht,
Braucht eine Diebslaterne.

Der Kohl

Unter all den hübschen Dingen
In der warmen Sommerzeit
Ist ein Korps von Schmetterlingen
Recht ergötzlich insoweit.

Bist du dann zu deinem Wohle
In den Garten hinspaziert,
Siehst du über deinem Kohle
Muntre Tänze aufgeführt.

Weiß gekleidet und behende
Flattert die vergnügte Schar,
Bis daß Lieb und Lust zu Ende
Wieder mal für dieses Jahr.

Zum getreuen Angedenken,
Auf den Blättern kreuz und quer,
Lassen sie zurück und schenken
Dir ein schönes Raupenheer.

Leidest du, daß diese Sippe
Weiterfrißt, wie sie begehrt,
Kriegst du nebst dem Blattgerippe
Nur noch Proben ohne Wert.

Also ist es zu empfehlen,
Lieber Freund, daß du dich bückst
Und sehr viele Raupenseelen,
Pitsch, aus ihren Häuten drückst.

Denn nur der ist wirklich weise,
Der auch in die Zukunft schaut.
Denk an deine Lieblingsspeise:
Schweinekopf mit Sauerkraut.

Der gütige Wandrer

Fing man vorzeiten einen Dieb,
Hing man ihn auf mit Schnellbetrieb,
Und meinte man, er sei verschieden,
Ging man nach Haus und war zufrieden.

Ein Wandrer von der weichen Sorte
Kam einst zu solchem Galgenorte
Und sah, daß oben einer hängt,
Dem kürzlich man den Hals verlängt.

Sogleich, als er ihn baumeln sieht,
Zerfließt in Tränen sein Gemüt.

Ich will den armen Schelm begraben,
Denkt er, sonst fressen ihn die Raben.

Nicht ohne Müh, doch mit Geschick,
Klimmt er hinauf und löst den Strick,
Und jener, der im Wind geschwebt,
Liegt unten, scheinbar unbelebt.

Sieh da, nach Änderung der Lage
Tritt neu die Lebenskraft zutage,
So daß der gute Delinquent
Die Welt ganz deutlich wiederkennt.

Zärtlich, als wär's der eigne Vetter,
Umarmt er seinen Lebensretter,
Nicht einmal, sondern noch einmal,
Vor Freude nach so großer Qual.

Mein lieber Mitmensch, sprach der Wandrer,
Geh in dich, sei hinfür ein andrer.
Zum Anfang für dein neues Leben
Werd ich dir jetzt zwei Gulden geben.

Das Geben tat ihm immer wohl.
Rasch griff er in sein Kamisol,
Wo er zur langen Pilgerfahrt
Den vollen Säckel aufbewahrt.
Er sucht und sucht und fand ihn nicht,
Und länger wurde sein Gesicht.
Er sucht und suchte, wie ein Narr,
Weit wird der Mund, das Auge starr,
Bald ist ihm heiß, bald ist ihm kalt.

Der Dieb verschwand im Tannenwald.

Reue

Die Tugend will nicht immer passen,
Im ganzen läßt sie etwas kalt,
Und daß man eine unterlassen,
Vergißt man bald.

Doch schmerzlich denkt manch alter Knaster,
Der von vergangnen Zeiten träumt,
An die Gelegenheit zum Laster,
Die er versäumt.

Bestimmung

Ein Fuchs von flüchtiger Moral
Und unbedenklich, wenn er stahl,
Schlich sich bei Nacht zum Hühnerstalle
Von einem namens Jochen Dralle,
Der, weil die Mühe ihn verdroß,
Die Tür mal wieder nicht verschloß.

Er hat sich, wie er immer pflegt,
So wie er war zu Bett gelegt.
Er schlief und schnarchte auch bereits.

Frau Dralle, welche ihrerseits
Noch wachte, denn sie hat die Grippe,
Stieß Jochen an die kurze Rippe.
Du, rief sie flüsternd, hör doch bloß,
Im Hühnerstall, da ist was los;
Das ist der Fuchs, der alte Racker.

Und schon ergriff sie kühn und wacker,
Obgleich sie nur im Nachtgewand,
Den Besen, der am Ofen stand,
Indes der Jochen leise flucht
Und erst mal Licht zu machen sucht.

Sie ging voran, er hinterdrein.
Es pfeift der Wind, die Hühner schrein.

Nur zu, mahnt Jochen, sei nur dreist
Und sag Bescheid, wenn er dich beißt.

Umsonst sucht sich der Dieb zu drücken
Vor Madam Dralles Geierblicken.
Sie schlägt ihm unaussprechlich schnelle
Zwei-, dreimal an derselben Stelle
Mit ihres Besens hartem Stiel
Aufs Nasenbein. Das war zuviel. –

Ein jeder kriegt, ein jeder nimmt
In dieser Welt, was ihm bestimmt.

Der Fuchs, nachdem der Balg herab,
Bekommt ein Armesündergrab.

Frau Dralle, weil sie leichtgesinnt
Sich ausgesetzt dem Winterwind
Zum Trotz der Selbsterhaltungspflicht,
Kriegt zu der Grippe noch die Gicht.

Doch Jochen kriegte hocherfreut
Infolge der Gelegenheit
Von Pelzwerk eine warme Kappe
Mit Vorder- und mit Hinterklappe.

Stets hieß es dann, wenn er sie trug:
Der ist es, der den Fuchs erschlug.

Gemartert

Ein gutes Tier
Ist das Klavier,
Still, friedlich und bescheiden,
Und muß dabei
Doch vielerlei
Erdulden und erleiden.

Der Virtuos
Stürzt darauf los
Mit hochgesträubter Mähne.
Er öffnet ihm
Voll Ungestüm
Den Leib, gleich der Hyäne.

Und rasend wild,
Das Herz erfüllt
Von mörderlicher Freude,
Durchwühlt er dann,
Soweit er kann,
Des Opfers Eingeweide.

Wie es da schrie,
Das arme Vieh,
Und unter Angstgewimmer
Bald hoch, bald tief
Um Hülfe rief,
Vergeß ich nie und nimmer.

Die Mücken

Dich freut die warme Sonne.
Du lebst im Monat Mai.
In deiner Regentonne
Da rührt sich allerlei.

Viel kleine Tierlein steigen
Bald auf-, bald niederwärts,
Und, was besonders eigen,
Sie atmen mit dem Sterz.

Noch sind sie ohne Tücken,
Rein kindlich ist ihr Sinn.
Bald aber sind sie Mücken
Und fliegen frei dahin.

Sie fliegen auf und nieder
Im Abendsonnenglanz
Und singen feine Lieder
Bei ihrem Hochzeitstanz.

Du gehst zu Bett um zehne,
Du hast zu schlafen vor,
Dann hörst du jene Töne
Ganz dicht an deinem Ohr.

Drückst du auch in die Kissen
Dein wertes Angesicht,
Dich wird zu finden wissen
Der Rüssel, welcher sticht.

Merkst du, daß er dich impfe,
So reib mit Salmiak
Und dreh dich um und schimpfe
Auf dieses Mückenpack.

Die Welt

Es geht ja leider nur soso
Hier auf der Welt, sprach Salomo.
Dies war verzeihlich. Das Geschnatter
Von tausend Frauen, denn die hatt er,
Macht auch den Besten ungerecht.

Uns aber geht es nicht so schlecht.
Wer, wie es Brauch in unsern Tagen,
Nur eine hat, der soll nicht sagen
Und klagen, was doch mancher tut:
Ich bin für diese Welt zu gut.

Selbst, wem es fehlt an dieser einen,
Der braucht darob nicht gleich zu weinen
Und sich kopfunter zu ertränken.

Er hat, das mag er wohl bedenken,
Am Weltgebäude mitgezimmert
Und allerlei daran verschlimmert.
Und wenn er so in sich gegangen,
Gewissenhaft und unbefangen,
Dann kusch er sich und denke froh:
Gottlob, ich bin kein Salomo;
Die Welt, obgleich sie wunderlich,
Ist mehr als gut genug für mich.

Die Freunde

Zwei Knaben, Fritz und Ferdinand,
Die gingen immer Hand in Hand,
Und selbst in einer Herzensfrage
Trat ihre Einigkeit zutage.

Sie liebten beide Nachbars Käthchen,
Ein blondgelocktes kleines Mädchen.

Einst sagte die verschmitzte Dirne:
Wer holt mir eine Sommerbirne,
Recht saftig, aber nicht zu klein?
Hernach soll er der Beste sein.

Der Fritz nahm seinen Freund beiseit
Und sprach: Das machen wir zu zweit;
Da drüben wohnt der alte Schramm,
Der hat den schönsten Birnenstamm;
Du steigst hinauf und schüttelst sacht,
Ich lese auf und gebe acht.

Gesagt getan. Sie sind am Ziel.
Schon als die erste Birne fiel,
Macht Fritz damit sich aus dem Staube,

Denn eben schlich aus dunkler Laube,
In fester Faust ein spanisch Rohr,
Der aufmerksame Schramm hervor.

Auch Ferdinand sah ihn beizeiten
Und tät am Stamm heruntergleiten
In Ängstlichkeit und großer Hast;
Doch eh er unten Fuß gefaßt,
Begrüßt ihn Schramm bereits mit Streichen,
Als wollt er einen Stein erweichen.

Der Ferdinand, voll Schmerz und Hitze,
Entfloh und suchte seinen Fritze.

Wie angewurzelt blieb er stehn.
Ach hätt er es doch nie gesehn:
Die Käthe hat den Fritz geküßt,
Worauf sie eine Birne ißt.

Seit dies geschah, ist Ferdinand
Mit Fritz nicht mehr so gut bekannt.

Unverbesserlich

Wer Bildung hat, der ist empört,
Wenn er so schrecklich fluchen hört.

Dies »Nasowolltich«, dies »Parblö«,
Dies ewige »Ojemine«,
Dies »Eipotztausendnocheinmal«,
Ist das nicht eine Ohrenqual?
Und gar »Daßdichdasmäusleinbeiß«,
Da wird mir's immer kalt und heiß.

Wie oft wohl sag ich: Es ist häßlich,
Ist unanständig, roh und gräßlich.
Ich bitt und flehe: Laßt es sein,

Denn ist es sündlich. Aber nein,
Vergebens ring ich meine Hände,
Die Flucherei nimmt doch kein Ende.

Der innere Architekt

Wem's in der Unterwelt zu still,
Wer oberhalb erscheinen will,
Der baut sich, je nach seiner Weise,
Ein sichtbarliches Wohngehäuse.

Er ist ein blinder Architekt,
Der selbst nicht weiß, was er bezweckt.
Dennoch verfertigt er genau
Sich kunstvoll seinen Leibesbau,
Und sollte mal was dran passieren,
Kann er's verputzen und verschmieren,
Und ist er etwa gar ein solch
Geschicktes Tierlein wie der Molch,
Dann ist ihm alles einerlei,
Und wär's ein Bein, er macht es neu.
Nur schad, daß, was so froh begründet,
So traurig mit der Zeit verschwindet,
Wie schließlich jeder Bau hienieden,
Sogar die stolzen Pyramiden.

Verstand und Leidenschaft

Es ist ein recht beliebter Bau.
Wer wollte ihn nicht loben?
Drin wohnt ein Mann mit seiner Frau,
Sie unten und er oben.

Er, als ein schlaugewiegter Mann,
Hält viel auf weise Lehren,
Sie, ungestüm und drauf und dran,
Tut das, was ihr Begehren.

Sie läßt ihn reden und begeht,
Blind, wie sie ist, viel Wüstes,
Und bringt sie das in Schwulität,
Na, sagt er kühl, da siehst es.

Vereinen sich jedoch die zwei
Zu traulichem Verbande,
Dann kommt die schönste Lumperei
Hübsch regelrecht zustande.

So geht's in diesem Hause her.
Man möchte fast erschrecken.
Auch ist's beweglich, aber mehr
Noch als das Haus der Schnecken.

Der Kobold

In einem Häuschen, sozusagen –
(Den ersten Stock bewohnt der Magen)
In einem Häuschen war's nicht richtig.
Darinnen spukt und tobte tüchtig
Ein Kobold, wie ein wildes Bübchen,
Vom Keller bis zum Oberstübchen.
Fürwahr, es war ein bös Getös.
Der Hausherr wird zuletzt nervös,
Und als ein desperater Mann
Steckt er kurzweg sein Häuschen an
Und baut ein Haus sich anderswo
Und meint, da ging es ihm nicht so.
Allein, da sieht er sich betrogen.
Der Kobold ist mit umgezogen

Und macht Spektakel und Rumor
Viel ärger noch als wie zuvor.
Ha, rief der Mann, wer bist du, sprich.
Der Kobold lacht: Ich bin dein Ich.

Überliefert

Zu Olims Zeit, auf der Oase,
Am Quell, wo schlanke Palmen stehen,
Saß einst das Väterchen im Grase
Und hatte allerlei Ideen.

Gern sprach davon der Hochverehrte
Zu seinen Söhnen, seinen Töchtern,
Und das Gelehrte, oft Gehörte
Ging von Geschlechte zu Geschlechtern.

Auch wir, in mancher Abendstunde,
Wenn treue Liebe uns bewachte,
Vernahmen froh die gute Kunde
Von dem, was Väterchen erdachte.

Und sicher klingt das früh Gewußte
So lang in wohlgeneigte Ohren,
Bis auf der kalten Erdenkruste
Das letzte Menschenherz erfroren.

Befriedigt

Gehorchen wird jeder mit Genuß
Den Frauen, den hochgeschätzten,
Hingegen machen uns meist Verdruß
Die sonstigen Vorgesetzten.

Nur wenn ein kleines Mißgeschick
Betrifft den Treiber und Leiter,
Dann fühlt man für den Augenblick
Sich sehr befriedigt und heiter.

Als neulich am Sonntag der Herr Pastor
Eine peinliche Pause machte,
Weil er den Faden der Rede verlor,
Da duckt sich der Küster und lachte.

Es spukt

Abends, wenn die Heimchen singen,
Wenn die Lampe düster schwelt,
Hör ich gern von Spukedingen,
Was die Tante mir erzählt.

Wie es klopfte in den Wänden,
Wie der alte Schrank geknackt,
Wie es einst mit kalten Händen
Mutter Urschel angepackt,

Wie man oft ein leises Jammern
Grad um Mitternacht gehört,
Oben in den Bodenkammern,
Scheint mir höchst bemerkenswert.

Doch erzählt sie gar das Märchen
Von dem Geiste ohne Kopf,
Dann erhebt sich jedes Härchen
Schaudervoll in meinem Schopf.

Und ich kann es nicht verneinen,
Daß es böse Geister gibt,
Denn ich habe selber einen,
Der schon manchen Streich verübt.

Beiderseits

Frau Welt, was ist das nur mit euch?
Herr Walter sprach's, der alte.
Ihr werdet grau und faltenreich
Und traurig von Gestalte.

Frau Welt darauf erwidert schnippsch:
Mein Herr, seid lieber stille!
Ihr scheint mir auch nicht mehr so hübsch
Mit eurer schwarzen Brille.

Lache nicht

Lache nicht, wenn mit den Jahren
Lieb und Freundlichkeit vergehen,
Was Paulinchen ist geschehen,
Kann auch Dir mal widerfahren.

Sieh nur, wie verändert hat sich
Unser guter Küchenbesen.
Er, der sonst so weich gewesen,
Ist jetztunder stumpf und kratzig.

Der Begleiter

Hans, der soeben in der Stadt
Sein fettes Schwein verwertet hat,
Ging spät nach Haus bei Mondenschein.
Ein Fremder folgt und holt ihn ein.

Grüß Gott, rief Hans, das trifft sich gut,
Zu zweit verdoppelt sich der Mut.

Der Fremde denkt: Ha zapperlot,
Der Kerl hat Geld, ich schlag ihn tot,
Nur nicht von vorn, daß er es sieht,
Dagegen sträubt sich mein Gemüt.

Und weiter gehn sie allgemach,
Der Hans zuvor, der Fremde nach.

Jetzt, denkt sich dieser, mach ich's ab.
Er hob bereits den Knotenstab.

Was gilt die Butter denn bei euch?
Fragt Hans und dreht sich um zugleich.

Der Fremde schweigt, der Fremde stutzt,
Der Knittel senkt sich unbenutzt.

Und weiter gehn sie allgemach,
Der eine vor, der andre nach.

Hier, wo die dunklen Tannen stehn,
Hier, denkt der Fremde, soll's geschehn.

Spielt man auch Skat bei euch zuland?
Fragt Hans und hat sich umgewandt.

Der Fremde nickt und steht verdutzt,
Der Knittel senkt sich unbenutzt.

Und weiter gehn sie allgemach,
Der eine vor, der andre nach.

Hier, denkt der Fremde, wo das Moor,
Hier hau ich fest ihm hinters Ohr.

Und wieder dreht der Hans sich um.
Prost, rief er fröhlich, mögt ihr Rum?
Und zog ein Fläschlein aus dem Rock.

Der Fremde senkt den Knotenstock,
Tät einen Zug, der war nicht schwach,
Und weiter gehn sie allgemach.

Schon sind sie aus dem Wald heraus,
Und schau, da steht das erste Haus.
Es kräht der Hahn, es bellt der Spitz.

Dies, rief der Hans, ist mein Besitz.
Tritt ein du ehrlicher Gesell
Und nimm den Dank für dein Geleit.

Doch der Gesell entfernt sich schnell,
Vermutlich aus Bescheidenheit.

Ja ja!

Ein weißes Kätzchen, voller Schliche,
Ging heimlich, weil es gerne schleckt,
Des Abends in die Nachbarküche,
Wo man es leider bald entdeckt.

Mit Besen und mit Feuerzangen
Gejagt in alle Ecken ward's.
Es fuhr zuletzt voll Todesbangen
Zum Schlot hinaus und wurde schwarz.

Ja, siehst du wohl, mein liebes Herze?
Wer schlecken will, was ihm gefällt,
Der kommt nicht ohne Schmutz und Schwärze
Hinaus aus dieser bösen Welt.

Die Birke

Es wächst wohl auf der Heide
Und in des Waldes Raum
Ein Baum zu Nutz und Freude,
Genannt der Birkenbaum.

Die Schuh, daraus geschnitzet,
Sind freundlich von Gestalt.
Wohl dem, der sie besitzet,
Ihm wird der Fuß nicht kalt.

Es ist die weiße Rinde
Zu Tabakdosen gut,
Als teures Angebinde
Für den, der schnupfen tut.

Man zapfet aus der Birke
Sehr angenehmen Wein,
Man reibt sich, daß er wirke,
Die Glatze damit ein.

Dem Birkenreiserbesen
Gebühret Preis und Ehr;
Das stärkste Kehrichtwesen
Das treibt er vor sich her.

Von Birken eine Rute,
Gebraucht am rechten Ort,
Befördert oft das Gute
Mehr als das beste Wort.

Und kommt das Fest der Pfingsten,
Dann schmückt mir fein das Haus,
Ihr, meine lieben Jüngsten,
Mit Birkenzweigen aus.

Im Herbst

Der schöne Sommer ging von hinnen,
Der Herbst, der reiche, zog ins Land.
Nun weben all die guten Spinnen
So manches feine Festgewand.

Sie weben zu des Tages Feier
Mit kunstgeübtem Hinterbein
Ganz allerliebste Elfenschleier
Als Schmuck für Wiese, Flur und Hain.

Ja, tausend Silberfäden geben
Dem Winde sie zum leichten Spiel,
Die ziehen sanft dahin und schweben
Ans unbewußt bestimmte Ziel.

Sie ziehen in das Wunderländchen,
Wo Liebe scheu im Anbeginn,
Und leis verknüpft ein zartes Bändchen
Den Schäfer mit der Schäferin.

Der Ruhm

Der Ruhm, wie alle Schwindelware,
Hält selten über tausend Jahre.
Zumeist vergeht schon etwas eh'r
Die Haltbarkeit und die Kulör.

Ein Schmetterling voll Eleganz,
Genannt der Ritter Schwalbenschwanz,
Ein Exemplar von erster Güte,
Begrüßte jede Doldenblüte
Und holte hier und holte da
Sich Nektar und Ambrosia.

Mitunter macht er sich auch breit
In seiner ganzen Herrlichkeit
Und zeigt den Leuten seine Orden
Und ist mit Recht berühmt geworden.

Die jungen Mädchen fanden dies
Entzückend, goldig, reizend, süß.

Vergeblich schwenkten ihre Mützen
Die Knaben, um ihn zu besitzen.

Sogar der Spatz hat zugeschnappt
Und hätt ihn um ein Haar gehabt.

Jetzt aber naht sich ein Student,
Der seine Winkelzüge kennt.

In einem Netz mit engen Maschen
Tät er den Flüchtigen erhaschen,
Und da derselbe ohne Tadel,
Spießt er ihn auf die heiße Nadel.

So kam er unter Glas und Rahmen
Mit Datum, Jahreszahl und Namen
und bleibt berühmt und unvergessen,
Bis ihn zuletzt die Motten fressen.

Man möchte weinen, wenn man sieht,
Daß dies das Ende von dem Lied.

Die Unbeliebte

Habt ihr denn wirklich keinen Schimmer
Von Angst, daß ihr noch ruhig schlaft?
Wird denn in dieser Welt nicht immer
Das Leben mit dem Tod bestraft?

Ihr lebt vergnügt trotz dem Verhängnis,
Das näher stets und näher zieht.
So stiehlt der Dieb, dem das Gefängnis
Und später gar der Galgen blüht.

Hör auf, entgegnet frech die Jugend,
Du altes Jammerinstrument.
Man merkt es gleich: Du bist die Tugend,
Die keinem sein Vergnügen gönnt.

Der Philosoph

Ein Philosoph von ernster Art
Der sprach und strich sich seinen Bart:

Ich lache nie. Ich lieb es nicht,
Mein ehrenwertes Angesicht
Durch Zähnefletschen zu entstellen
Und närrisch wie ein Hund zu bellen;
Ich lieb es nicht, durch ein Gemecker
Zu zeigen, daß ich Witzentdecker;
Ich brauche nicht durch Wertvergleichen
Mit andern mich herauszustreichen,
Um zu ermessen, was ich bin,
Denn dieses weiß ich ohnehin.

Das Lachen will ich überlassen
Den minder hochbegabten Klassen.

Ist einer ohne Selbstvertraun
In Gegenwart von schönen Fraun,
So daß sie ihn als faden Gecken
Abfahren lassen oder necken,
Und fühlt er drob geheimen Groll
Und weiß nicht, was er sagen soll,
Dann schwebt mit Recht auf seinen Zügen

Ein unaussprechliches Vergnügen.
Und hat er Kursverlust erlitten,
Ist er moralisch ausgeglitten,
So gibt es Leute, die doch immer
Noch dümmer sind als er und schlimmer,
Und hat er etwa krumme Beine,
So gibt's noch krümmere als seine.
Er tröstet sich und lacht darüber
Und denkt: Da bin ich mir doch lieber.

Den Teufel laß ich aus dem Spiele.
Auch sonst noch lachen ihrer viele,
Besonders jene ewig Heitern,
Die unbewußt den Mund erweitern,
Die, sozusagen, auserkoren
Zum Lachen bis an beide Ohren.

Sie freuen sich mit Weib und Kind
Schon bloß, weil sie vorhanden sind.

Ich dahingegen, der ich sitze
Auf der Betrachtung höchster Spitze,
Weit über allem Was und Wie,
Ich bin für mich und lache nie.

Höchste Instanz

Was er liebt, ist keinem fraglich;
Triumphierend und behaglich
Nimmt es seine Seele ein
Und befiehlt: So soll es sein.

Suche nie, wo dies geschehen,
Widersprechend vorzugehen,
Sintemalen im Gemüt
Schon die höchste Macht entschied.

Ungestört in ihren Lauben
Laß die Liebe, laß den Glauben,
Der, wenn man es recht ermißt,
Auch nur lauter Liebe ist.

Plaudertasche

Du liebes Plappermäulchen,
Bedenk dich erst ein Weilchen
Und sprich nicht so geschwind.
Du bist wie unsre Mühle
Mit ihrem Flügelspiele
Im frischen Sausewind.

So lang der Müller tätig
Und schüttet auf was nötig,
Geht alles richtig zu;
Doch ist kein Korn darinnen,
Dann kommt das Werk von Sinnen
Und klappert so wie du.

Duldsam

Des Morgens früh, sobald ich mir
Mein Pfeifchen angezündet,
Geh ich hinaus zur Hintertür,
Die in den Garten mündet.

Besonders gern betracht ich dann
Die Rosen, die so niedlich;
Die Blattlaus sitzt und saugt daran
So grün, so still, so friedlich.

Und doch wird sie, so still sie ist,
Der Grausamkeit zur Beute;
Der Schwebefliegen Larve frißt
Sie auf bis auf die Häute.

Schluppwespchen flink und klimperklein,
So sehr die Laus sich sträube,
Sie legen doch ihr Ei hinein
Noch bei lebendgem Leibe.

Sie aber sorgt nicht nur mit Fleiß
Durch Eier für Vermehrung,
Sie kriegt auch Junge hundertweis
Als weitere Bescherung.

Sie nährt sich an dem jungen Schaft
Der Rosen, eh sie welken;
Ameisen kommen, ihr den Saft
Sanft streichelnd abzumelken.

So seh ich in Betriebsamkeit
Das hübsche Ungeziefer
Und rauche während dieser Zeit
Mein Pfeifchen tief und tiefer.

Daß keine Rose ohne Dorn,
Bringt mich nicht aus dem Häuschen.
Auch sag ich ohne jeden Zorn:
Kein Röslein ohne Läuschen!

Daneben

Stoffel hackte mit dem Beile.
Dabei tat er sich sehr wehe,
Denn er traf in aller Eile
Ganz genau die große Zehe.

Ohne jedes Schmerzgewimmer,
Nur mit Ruh, mit einer festen,
Sprach er: Ja, ich sag es immer,
Nebenzu trifft man am besten.

Erneuerung

Die Mutter plagte ein Gedanke.
Sie kramt im alten Kleiderschranke,
Wo Kurz und Lang, obschon gedrängt,
Doch friedlich, beieinander hängt.

Auf einmal ruft sie: Ei siehda,
Der Schwalbenschwanz, da ist er ja!

Den blauen, längst nicht mehr benützten,
Den hinten zwiefach zugespitzten,
Mit blanken Knöpfen schön geschmückt,
Der einst so manches Herz berückt,
Ihn trägt sie klug und überlegt
Dahin, wo sie zu schneidern pflegt,
Und trennt und wendet, näht und mißt,
Bis daß das Werk vollendet ist.

Auf die Art aus des Vaters Fracke
Kriegt Fritzchen eine neue Jacke.

Grad so behilft sich der Poet.
Du liebe Zeit, was soll er machen?
Gebraucht sind die Gedankensachen
Schon alle, seit die Welt besteht.

Der Knoten

Als ich in Jugendtagen
Noch ohne Grübelei,
Da meint ich mit Behagen,
Mein Denken wäre frei.

Seitdem hab ich die Stirne
Oft auf die Hand gestützt
Und fand, daß im Gehirne
Ein harter Knoten sitzt.

Mein Stolz der wurde kleiner.
Ich merkte mit Verdruß:
Es kann doch unsereiner
Nur denken, wie er muß.

Der Asket

Im Hochgebirg vor seiner Höhle
Saß der Asket;
Nur noch ein Rest von Leib und Seele
Infolge äußerster Diät.

Demütig ihm zu Füßen kniet
Ein Jüngling, der sich längst bemüht,
Des strengen Büßers strenge Lehren
Nachdenklich prüfend anzuhören.

Grad schließt der Klausner den Sermon
Und spricht: Bekehre dich, mein Sohn.
Verlaß das böse Weltgetriebe.
Vor allem unterlaß die Liebe,
Denn grade sie erweckt aufs neue
Das Leben und mit ihm die Reue.

Da schau mich an. Ich bin so leicht,
Fast hab ich schon das Nichts erreicht,
Und bald verschwind ich in das reine
Zeit-, raum- und traumlos Allundeine.

Als so der Meister in Ekstase,
Sticht ihn ein Bienchen in die Nase.

Oh, welch ein Schrei!
Und dann das Mienenspiel dabei.

Der Jüngling stutzt und ruft: Was seh ich?
Wer solchermaßen leidensfähig,
Wer so gefühlvoll und empfindlich,
Der, fürcht ich, lebt noch viel zu gründlich
Und stirbt noch nicht zum letzten Mal.

Mit diesem kühlen Wort empfahl
Der Jüngling sich und stieg hernieder
Ins tiefe Tal und kam nicht wieder.

Tröstlich

Nachbar Nickel ist verdrießlich,
Und er darf sich wohl beklagen,
Weil ihm seine Pläne schließlich
Alle gänzlich fehlgeschlagen.

Unsre Ziege starb heut morgen.
Geh und sag's ihm, lieber Knabe!
Daß er nach so vielen Sorgen
Auch mal eine Freude habe.

Der Narr

Er war nicht unbegabt. Die Geisteskräfte
Genügten für die laufenden Geschäfte.
Nur hat er die Marotte,
Er sei der Papst. Dies sagt er oft und gern
Für jedermann zum Ärgernis und Spotte,
Bis sie zuletzt ins Narrenhaus ihn sperrn.

Ein guter Freund, der ihn daselbst besuchte,
Fand ihn höchst aufgeregt. Er fluchte:
Zum Kuckuck, das ist doch zu dumm.
Ich soll ein Narr sein und weiß nicht warum.

Ja, sprach der Freund, so sind die Leute.
Man hat an einem Papst genug.
Du bist der zweite.
Das eben kann man nicht vertragen.
Hör zu, ich will dir mal was sagen:
Wer schweigt, ist klug.

Der Narr verstummt, als ob er überlege.
Der gute Freund ging leise seiner Wege.

Und schau, nach vierzehn Tagen grade
Da traf er ihn schon auf der Promenade.

Ei, rief der Freund, wo kommst du her?
Bist du denn jetzt der Papst nicht mehr?

Freund, sprach der Narr und lächelt schlau,
Du scheinst zur Neugier sehr geneigt.
Das, was wir sind, weiß ich genau.
Wir alle haben unsern Sparren,
Doch sagen tun es nur die Narren.
Der Weise schweigt.

Der Schadenfrohe

Ein Dornstrauch stand im Wiesental
An einer Stiege, welche schmal,
Und ging vorüber irgendwer,
Den griff er an und kratzte er.

Ein Lämmlein kam dahergehupft.
Das hat er ebenfalls gerupft.

Es sieht ihn traurig an und spricht:
Du brauchst doch meine Wolle nicht,
Und niemals tat ich dir ein Leid.
Weshalb zerrupfst du denn mein Kleid?
Es tut mir weh und ist auch schad.

Ei, rief der Freche, darum grad.

Röschen

Als Kind von angenehmen Zügen
War Röschen ein gar lustig Ding.
Gern zupfte sie das Bein der Fliegen,
Die sie geschickt mit Spucke fing.

Sie wuchs, und größere Objekte
Lockt sie von nun an in ihr Garn,
Nicht nur die jungen, nein, sie neckte
Und rupft auch manche alten Narrn.

Inzwischen tat in stillem Walten
Die Zeit getreulich ihre Pflicht.
Durch wundersame Bügelfalten
Verziert sie Röschens Angesicht.

Und locker wurden Röschens Zähne.
Kein Freier stellte sich mehr ein.
Und schließlich kriegt sie gar Migräne,
Und die pflegt dauerhaft zu sein.

Dies führte sie zum Aberglauben,
Obwohl sie sonst nicht gläubig schien.
Sie meinte fest, daß Turteltauben
Den Schmerz der Menschen an sich ziehn.

Zwei Stück davon hat sie im Bauer,
Ein Pärchen, welches zärtlich girrt;
Jetzt liegt sie täglich auf der Lauer,
Ob ihnen noch nicht übel wird.

Hund und Katze

Miezel, eine schlaue Katze,
Molly, ein begabter Hund,
Wohnhaft an demselben Platze,
Haßten sich aus Herzensgrund.

Schon der Ausdruck ihrer Mienen,
Bei gesträubter Haarfrisur,
Zeigt es deutlich: Zwischen ihnen
Ist von Liebe keine Spur.

Doch wenn Miezel in dem Baume,
Wo sie meistens hin entwich,
Friedlich dasitzt, wie im Traume,
Dann ist Molly außer sich.

Beide lebten in der Scheune,
Die gefüllt mit frischem Heu.
Alle beide hatten Kleine,
Molly zwei und Miezel drei.

Einst zur Jagd ging Miezel wieder
Auf das Feld. Da geht es bumm.
Der Herr Förster schoß sie nieder.
Ihre Lebenszeit ist um.

Oh, wie jämmerlich miauen
Die drei Kinderchen daheim.
Molly eilt, sie zu beschauen,
Und ihr Herz geht aus dem Leim.

Und sie trägt sie kurz entschlossen
Zu der eignen Lagerstatt,
Wo sie nunmehr fünf Genossen
An der Brust zu Gaste hat.

Mensch mit traurigem Gesichte,
Sprich nicht nur von Leid und Streit.
Selbst in Brehms Naturgeschichte
Findet sich Barmherzigkeit.

Schreckhaft

Nachdem er am Sonntagmorgen
Vor seinem Spiegel gestanden,
Verschwanden die letzten Sorgen
Und Zweifel, die noch vorhanden.

Er wurde so verwegen,
Daß er nicht länger schwankte.
Er schrieb ihr. Sie dagegen
Erwidert: Nein, sie dankte.

Der Schreck, den er da hatte,
Hätt ihn fast umgeschmissen,
Als hätt ihn eine Ratte
Plötzlich ins Herz gebissen.

Abschied

Ach, wie eilte so geschwinde
Dieser Sommer durch die Welt.
Herbstlich rauscht es in der Linde,
Ihre Blätter mit dem Winde
Wehen übers Stoppelfeld.

Hörst du in den Lüften klingend
Sehnlich klagend das Kuru?
Wandervögel, flügelschwingend,
Lebewohl der Heimat singend,
Ziehn dem fremden Lande zu.

Morgen muß ich in die Ferne.
Liebes Mädchen, bleib mir gut.
Morgen lebt in der Kaserne,
Daß er exerzieren lerne,
Dein dich liebender Rekrut.

Fuchs und Gans

Es war die erste Maiennacht.
Kein Mensch im Dorf hat mehr gewacht.
Da hielten, wie es stets der Fall,
Die Tiere ihren Frühlingsball.

Die Gans, die gute Adelheid,
Fehlt nie bei solcher Festlichkeit,
Obgleich man sie nach altem Brauch
Zu necken pflegt. So heute auch.

Frau Schnabel, nannte sie der Kater,
Frau Plattfuß, rief der Ziegenvater;

Doch sie, zwar lächelnd aber kühl,
Hüllt sich in sanftes Selbstgefühl.

So saß sie denn in ödem Schweigen
Allein für sich bei Spiel und Reigen,
Bei Freudenlärm und Jubeljux.

Sieh da, zum Schluß hat auch der Fuchs
Sich ungeladen eingedrängelt.
Schlau hat er sich herangeschlängelt.

Ihr Diener, säuselt er galant,
Wie geht's der Schönsten in Brabant?
Ich küss der gnädgen Frau den Fittich.
Ist noch ein Tänzchen frei, so bitt ich.

Sie nickt verschämt: Oh Herr Baron!
Indem so walzen sie auch schon.
Wie trippeln die Füße, wie wippeln die Schwänze
Im lustigen Kehraus, dem letzten der Tänze.

Da tönt es vier mit lautem Schlag.
Das Fest ist aus. Es naht der Tag. –

Bald drauf, im frühsten Morgenschimmer,
Ging Mutter Urschel aus, wie immer,
Mit Korb und Sichel, um verstohlen
Sich etwas fremden Klee zu holen.
An einer Hecke bleibt sie stehn:
Herrjeh, was ist denn hier geschehn?
Die Füchse, sag ich, soll man rädern.
Das sind wahrhaftig Gänsefedern.
Ein frisches Ei liegt dicht daneben.
Ich bin so frei es aufzuheben.
Ach, armes Tier, sprach sie bewegt,
Dies Ei hast du vor Angst gelegt.

Hahnenkampf

Ach, wie vieles muß man rügen,
Weil es sündlich und gemein,
So, zum Beispiel, das Vergnügen,
Zuzusehn bei Prügelein.

Noch vor kurzem hab ich selber
Mir zwei Gockel angesehn,
Hier ein schwarzer, da ein gelber,
Die nicht gut zusammen stehn.

Plötzlich kam es zum Skandale,
Denn der schwarze macht die Kur,
Was dem gelben alle Male
Peinlich durch die Seele fuhr.

Mit den Krallen, mit den Sporen,
Mit dem Schnabel, scharf gewetzt,
Mit den Flügeln um die Ohren
Hat es Hieb auf Hieb gesetzt.

Manche Feder aus dem Leder
Reißen und zerspleißen sie,
Und zum Schlusse ruft ein jeder
Triumphierend kickriki!

Voller Freude und mit wahrem
Eifer sah ich diesen Zwist,
Während jedes Huhn im Harem
Höchst gelassen weiterfrißt.

Solch ein Weibervolk mit Flügeln
Meint, wenn Gockel früh und spät
Seinetwegen sich verprügeln,
Daß sich das von selbst versteht.

Bedächtig

Ich ging zur Bahn. Der Abendzug
Kam erst um halber zehn.
Wer zeitig geht, der handelt klug.
Er kann gemütlich gehn.

Der Frühling war so warm und mild,
Ich ging wie neubelebt,
Zumal ein wertes Frauenbild
Mir vor der Seele schwebt.

Daß ich sie heut noch sehen soll,
Daß sie gewiß noch wach,
Davon ist mir das Herz so voll,
Ich steh und denke nach.

Ein Häslein, das vorüberstiebt,
Ermahnt ich: Laß dir Zeit,
Ein guter Mensch, der glücklich liebt,
Tut keinem was zuleid.

Von ferne aus dem Wiesenteich
Erklang der Frösche Chor,
Und überm Walde stieg zugleich
Der goldne Mond empor.

Da bist du ja, ich grüße dich,
Du traulicher Kumpan.
Bedächtig wandelst du wie ich
Dahin auf deiner Bahn.

Dies lenkte meinen Denkersinn
Auf den Geschäftsverlauf;
Ich überschlug mir den Gewinn.
Das hielt mich etwas auf.

Doch horch, da ist die Nachtigall,
Sie flötet wunderschön.
Ich flöte selbst mit sanftem Schall
Und bleib ein wenig stehn.

Und flötend kam ich zur Station,
Wie das bei mir Gebrauch.
Oweh, was ist das für ein Ton?
Der Zug der flötet auch.

Dort saust er hin. Ich stand versteint.
Dann sah ich nach der Uhr,
Wie jeder, der zu spät erscheint.
So will es die Natur.

Dunkle Zukunft

Fritz, der mal wieder schrecklich träge,
Vermutet, heute gibt es Schläge,
Und knöpft zur Abwehr der Attacke
Ein Buch sich unter seine Jacke,
Weil er sich in dem Glauben wiegt,
Daß er was auf den Buckel kriegt.

Die Schläge trafen richtig ein.
Der Lehrer meint es gut. Allein,
Die Gabe wird für heut gespendet
Mehr unten, wo die Jacke endet,
Wo Fritz nur äußerst leicht bekleidet
Und darum ganz besonders leidet.

Ach, daß der Mensch so häufig irrt
Und nie recht weiß, was kommen wird!

Hinten herum

Ein Mensch, der etwas auf sich hält,
Bewegt sich gern in feiner Welt,
Denn erst in weltgewandten Kreisen
Lernt man die rechten Redeweisen,
Verbindlich, aber zugespitzt,
Und treffend, wo die Schwäre sitzt.

Es ist so wie mit Rektor Knaut,
Der immer lächelt, wenn er haut.
Auch ist bei Knaben weit berüchtigt
Das Instrument, womit er züchtigt.
Zu diesem Zweck bedient er nämlich,
Als für den Sünder gut bekömmlich,
Sich einer schlanken Haselgerte,
Zwar biegsam, doch nicht ohne Härte,
Die sich, von rascher Hand bewegt,
Geschmeidig um die Hüfte legt.

Nur wer es fühlte, der begreift es:
Vorn schlägt er zu und hinten kneift es.

Die Kleinsten

Sag Atome, sage Stäubchen.
Sind sie auch unendlich klein,
Haben sie doch ihre Leibchen
Und die Neigung da zu sein.

Haben sie auch keine Köpfchen,
Sind sie doch voll Eigensinn.
Trotzig spricht das Zwerggeschöpfchen:
Ich will sein so wie ich bin.

Suche nur sie zu bezwingen,
Stark und findig wie du bist.
Solch ein Ding hat seine Schwingen,
Seine Kraft und seine List.

Kannst du auch aus ihnen schmieden
Deine Rüstung als Despot,
Schließlich wirst du doch ermüden,
Und dann heißt es: Er ist tot.

Lebensfahrt

Lange warst du im Gedrängel
Aller Dinge tief versteckt,
Bis als einen kleinen Bengel
Unser Auge dich entdeckt.

Schreiend hast du Platz genommen,
Zum Genuß sofort bereit,
Und wir hießen dich willkommen,
Pflegten dich mit Zärtlichkeit.

Aber eh du recht empfunden,
Was daheim für Freuden blühn,
Hast dein Bündel du gebunden,
Um in fremdes Land zu ziehn.

Leichte lustige Gesellen
Finden sich an jedem Ort.
Weiber schelten, Hunde bellen,
Lachend zogst du weiter fort.

Sahst die Welt an beiden Enden,
Hast genippt und hast genascht.
Endlich fest mit Klammerhänden
Hat die Liebe dich erhascht.

Und du zogst den Kinderwagen,
Und du trugst, was dir bestimmt,
Seelenlast und Leibesplagen,
Bis der Rücken sich gekrümmt.

Nur Geduld. Es steht ein Flieder
An der Kirche grau und alt.
Dort für deine müden Glieder
Ist ein kühler Aufenthalt.

Die Trud

Wahrlich, sagte meine Tante,
Die fast alle Geister kannte,
Keine Täuschung ist die Trud.

Weißt du nicht, daß böse Seelen
Nächtlich aus dem Leibe rücken,
Um den Menschen zu bedrücken
Und zu treten und zu quälen,
Wenn er auf dem Rücken ruht?

Lautlos durch verschlossne Türen
Immer näher siehst du's kommen
Zauberhaft und wunderlich.
Und dir graust es vor dem Dinge,
Und du kannst dich doch nicht rühren,
Und du fühlst dich so beklommen,
Möchtest rufen, wenn's nur ginge,
Und auf einmal hat es dich.

Doch wer klug, weiß sich zu schützen:
Abends beim Zurruhegehn
Brauchst du bloß darauf zu sehn,
Daß die Schuhe mit den Spitzen
Abgewandt vom Bette stehn.

Außerdem hab ich gehört:
Leichtes Herz und leichter Magen,
Wie in andern Lebenslagen,
Sind auch hier empfehlenswert.

Gestört

Um acht, als seine werte Sippe
Noch in den Federn schlummernd lag,
Begrüßt er von der Felsenklippe
Bereits den neuen Frühlingstag.

Und wie die angenehme Sonne
Liebreich zu ihm herniederschaut,
Da ist in süßer Rieselwonne
Sein ganzes Wesen aufgetaut.

Es schmilzt die schwere Außenhülle.
Ihm wird so wohl, ihm wird so leicht.
Er schwebt im Geist als freier Wille
Hinaus, so weit das Auge reicht.

Fort übertal, zu fernen Hügeln,
Den Strom entlang, bis an das Meer,
Windeilig, wie auf Möwenflügeln,
Zieht er in hoher Luft einher.

Hier traf er eine Wetterwolke.
Die wählt er sich zum Herrschersitz.
Erhaben über allem Volke
Thront er in Regen, Sturm und Blitz.

Oweh, der Zauber ist zu Ende.
Durchweicht vom Hut bis in die Schuh,
Der Buckel steif und lahm die Lende,
So schleicht er still der Heimat zu.

Zum Trost für seine kalten Glieder
Empfängt ihn gleich ein warmer Gruß.
Na, hieß es, jetzt bekommst du wieder
Dein Reißen in den Hinterfuß.

Der Geist

Es war ein Mägdlein froh und keck,
Stets lacht ihr Rosenmund,
Ihr schien die Liebe Lebenszweck
Und alles andre Schund.

Sie denkt an nichts als an Pläsier,
Seitdem die Mutter tot,
Sie lacht und liebt, obgleich es ihr
Der Vater oft verbot.

Einst hat sie frech und unbedacht
Den Schatz, der ihr gefällt,
Sich für die Zeit um Mitternacht
Zum Kirchhof hinbestellt.

Und als sie kam zum Stelldichein,
O hört, was sich begab,
Da stand ein Geist im Mondenschein
Auf ihrer Mutter Grab.

Er steht so starr, er steht so stumm,
Er blickt so kummervoll.
Das Mägdlein dreht sich schaudernd um
Und rennt nach Haus wie toll.

Es wird, wer einen Geist gesehn,
Nie mehr des Lebens froh,
Er fühlt, es ist um ihn geschehn.
Dem Mägdlein ging es so.

Sie welkt dahin, sie will und mag
Nicht mehr zu Spiel und Tanz.
Man flocht ihr um Johannistag
Bereits den Totenkranz.

Teufelswurst

Das Pfäfflein saß beim Frühstücksschmaus.
Er schaut und zieht die Stirne kraus.
Wer, fragt er, hat die Wurst gebracht?
Die Köchin sprach: Es war die Liese,
Die Alte von der Gänsewiese.
Drum, rief er, sah ich in letzter Nacht,
Wie durch die Luft in feurigem Bogen
Der Böse in ihren Schlot geflogen.
Verdammte Hex,
Ich riech, ich schmeck's,
Der Teufel hat die Wurst gemacht.
Spitz, da geh her! – Der Hund, nicht faul,
Verzehrt die Wurst und leckt das Maul.
Er nimmt das Gute, ohne zu fragen,
Ob's Beelzebub unter dem Schwanz getragen.

Der Wiedergänger

Es fand der geizige Bauer Kniep
Im Grabe keine Ruhe.
Die Sehnsucht nach dem Gelde trieb
Ihn wieder zu seiner Truhe.

Die Erben wollten diesen Gast
Im Haus durchaus nicht haben,

Weil ihnen der Verkehr verhaßt
Mit einem, der schon begraben.

Sie dachten, vor Drudenfuß und Kreuz
Ergebenst verschwinden sollt er.
Er aber vollführte seinerseits
Nur um so mehr Gepolter.

Zum Glück kam grade zugereist
Ein Meister, der vieles erkundet.
Der hat gar schlau den bösen Geist
In einem Faß verspundet.

Man fuhr es bequem, als wär es leer,
Bis an ein fließend Gewässer.
Da plötzlich machte sich Kniep so schwer
Wie zehn gefüllte Fässer.

Gottlieb, der Kutscher, wundert sich.
Nach rückwärts blickt er schnelle.
Wumm, knallt der Spund. Der Geist entwich
Und spukt an der alten Stelle.

Wie sonst, besucht er jede Nacht
Die eisenbeschlagene Kiste
Und rumpelt, hustet, niest und lacht,
Als ob er von nichts was wüßte.

Kein Mittel erwies sich als probat.
Der Geist ward nur erboster.
Man trug, es blieb kein andrer Rat,
Den Kasten zum nächsten Kloster.

Der Pförtner sprach: Willkommen im Stift,
Und herzlich guten Morgen.
Was Geld und böse Geister betrifft,
Das wollen wir schon besorgen.

Der Spatz

Ich bin ein armer Schreiber nur,
Hab weder Haus noch Acker,
Doch freut mich jede Kreatur,
Sogar der Spatz, der Racker.

Er baut von Federn, Haar und Stroh
Sein Nest geschwind und flüchtig,
Er denkt, die Sache geht schon so,
Die Schönheit ist nicht wichtig.

Wenn man den Hühnern Futter streut,
Gleich mengt er sich dazwischen,
Um schlau und voller Rührigkeit
Sein Körnlein zu erwischen.

Maikäfer liebt er ungemein,
Er weiß sie zu behandeln;
Er hackt die Flügel, zwackt das Bein
Und knackt sie auf wie Mandeln.

Im Kirschenbaum frißt er verschmitzt
Das Fleisch der Beeren gerne;
Dann hat, wer diesen Baum besitzt,
Nachher die schönsten Kerne.

Es fällt ein Schuß. Der Spatz entfleucht
Und ordnet sein Gefieder.
Für heute bleibt er weg vielleicht,
Doch morgen kommt er wieder.

Und ist es Winterzeit und hat's
Geschneit auf alle Dächer,
Verhungern tut kein rechter Spatz,
Er kennt im Dach die Löcher.

Ich rief: Spatz komm, ich füttre dich!
Er faßt mich scharf ins Auge.
Er scheint zu glauben, daß auch ich
Im Grunde nicht viel tauge.

Zu gut gelebt

Frau Grete hatt ein braves Huhn,
Das wußte seine Pflicht zu tun.
Es kratzte hinten, pickte vorn,
Fand hier ein Würmchen, da ein Korn,
Erhaschte Käfer, schnappte Fliegen
Und eilte dann mit viel Vergnügen
Zum stillen Nest, um hier geduldig
Das zu entrichten, was es schuldig.
Fast täglich tönte sein Geschrei:
Viktoria, ein Ei, ein Ei!

Frau Grete denkt: Oh, welch ein Segen,
Doch könnte es wohl noch besser legen.
Drum reicht sie ihm, es zu verlocken,
Oft extra noch die schönsten Brocken.

Dem Hühnchen war das angenehm.
Es putzt sich, macht es sich bequem,
Wird wohlbeleibt, ist nicht mehr rührig
Und sein Geschäft erscheint ihm schwierig.
Kaum daß ihm noch mit Drang und Zwang
Mal hie und da ein Ei gelang.

Dies hat Frau Gretchen schwer bedrückt,
Besonders, wenn sie weiterblickt;
Denn wo kein Ei, da ist's vorbei
Mit Rührei und mit Kandisei.

Ein fettes Huhn legt wenig Eier.
Ganz ähnlich geht's dem Dichter Meier,
Der auch nicht viel mehr dichten kann,
Seit er das große Los gewann.

Der Einsame

Wer einsam ist, der hat es gut,
Weil keiner da, der ihm was tut.

Ihn stört in seinem Lustrevier
Kein Tier, kein Mensch und kein Klavier,
Und niemand gibt ihm weise Lehren,
Die gut gemeint und bös zu hören.

Der Welt entronnen, geht er still
In Filzpantoffeln, wann er will.

Sogar im Schlafrock wandelt er
Bequem den ganzen Tag umher.

Er kennt kein weibliches Verbot,
Drum raucht und dampft er wie ein Schlot.

Geschützt vor fremden Spaherblicken,
Kann er sich selbst die Hose flicken.

Liebt er Musik, so darf er flöten,
Um angenehm die Zeit zu töten,
Und laut und kräftig darf er prusten,
Und ohne Rücksicht darf er husten,
Und allgemach vergißt man seiner.
Nur allerhöchstens fragt mal einer:
Was, lebt er noch? Ei schwerenot,
Ich dachte längst, er wäre tot.

Kurz, abgesehn vom Steuerzahlen,
Läßt sich das Glück nicht schöner malen.

Worauf denn auch der Satz beruht:
Wer einsam ist, der hat es gut.

Verlust der Ähnlichkeit

Man sagt, ein Schnäpschen, insofern
Es kräftig ist, hat jeder gern.

Ganz anders denkt das Volk der Bienen,
Der Süffel ist verhaßt bei ihnen,
Sein Wohlgeruch tut ihnen weh.
Sie trinken nichts wie Blütentee,
Und wenn wer kommt, der Schnäpse trank,
Gleich ziehen sie den Stachel blank.

Letzthin hat einem Bienenstöckel
Der brave alte Schneider Böckel,
Der nicht mehr nüchtern in der Tat,
Aus Neubegierde sich genaht.

Sofort von einem regen Leben
Sieht Meister Böckel sich umgeben.
Es dringen giftgetränkte Pfeile
In seine nackten Körperteile,
Ja manche selbst durch die nur lose
Und leichtgewirkte Sommerhose,
Besonders, weil sie stramm gespannt.

Zum Glück ist Böckel kriegsgewandt.
Er zieht sich kämpfend wie ein Held
Zurück ins hohe Erbsenfeld.

Hier hat er Zeit, an vielen Stellen
Des Leibes merklich anzuschwellen,
Und als er wiederum erscheint,
Erkennt ihn kaum sein bester Freund.

Natürlich, denn bei solchem Streit
Verliert man seine Ähnlichkeit.

Spatz und Schwalben

Es grünte allenthalben.
Der Frühling wurde wach.
Bald flogen auch die Schwalben
Hell zwitschernd um das Dach.

Sie sangen unermüdlich
Und bauten außerdem
Am Giebel rund und niedlich
Ihr Nest aus feuchtem Lehm.

Und als sie eine Woche
Sich redlich abgequält,
Hat nur am Eingangsloche
Ein Stückchen noch gefehlt.

Da nahm der Spatz, der Schlingel,
Die Wohnung in Besitz.
Jetzt hängt ein Strohgeklüngel
Hervor aus ihrem Schlitz.

Nicht schön ist dies Gebaren
Und wenig ehrenwert
Von einem, der seit Jahren
Mit Menschen viel verkehrt.

Gut und Böse

Tugend will, man soll sie holen,
Ungern ist sie gegenwärtig;
Laster ist auch unbefohlen
Dienstbereit und fix und fertig.

Gute Tiere, spricht der Weise,
Mußt du züchten, mußt du kaufen,
Doch die Ratten und die Mäuse
Kommen ganz von selbst gelaufen.

Oben und unten

Daß der Kopf die Welt beherrsche,
Wär zu wünschen und zu loben.
Längst vor Gründen wär die närrsche
Gaukelei in nichts zerstoben.

Aber wurzelhaft natürlich
Herrscht der Magen nebst Genossen,
Und so treibt, was unwillkürlich,
Täglich tausend neue Sprossen.

Zu zweit

Frau Urschel teilte Freud und Leid
Mit ihrer lieben Kuh,
Sie lebten in Herzeinigkeit
Ganz wie auf Du und Du.

Wie war der Winter doch so lang,
Wie knapp ward da das Heu.
Frau Urschel rief und seufzte bang:
Oh komm, du schöner Mai!

Komm schnell und lindre unsre Not,
Der du die Krippe füllst;
Wenn ich und meine Kuh erst tot,
Dann komme, wann du willst.

Ein Maulwurf

Die laute Welt und ihr Ergötzen,
Als eine störende Erscheinung,
Vermag der Weise nicht zu schätzen.

Ein Maulwurf war der gleichen Meinung.
Er fand an Lärm kein Wohlgefallen,
Zog sich zurück in kühle Hallen
Und ging daselbst in seinem Fach
Stillfleißig den Geschäften nach.

Zwar sehen konnt er da kein bissel,
Indessen sein getreuer Rüssel,
Ein Nervensitz voll Zartgefühl,
Führt sicher zum erwünschten Ziel.

Als Nahrung hat er sich erlesen
Die Leckerbissen der Chinesen,
Den Regenwurm und Engerling,
Wovon er vielfach fette fing.

Die Folge war, was ja kein Wunder,
Sein Bäuchlein wurde täglich runder,
Und wie das häufig so der Brauch,
Der Stolz wuchs mit dem Bauche auch.

Wohl ist er stattlich von Person
Und kleidet sich wie ein Baron,
Nur schad, ihn und sein Sammetkleid
Sah niemand in der Dunkelheit.

So trieb ihn denn der Höhensinn,
Von unten her nach oben hin,
Zehn Zoll hoch, oder gar noch mehr,
Zu seines Namens Ruhm und Ehr
Gewölbte Tempel zu entwerfen,
Um denen draußen einzuschärfen,
Daß innerhalb noch einer wohne,
Der etwas kann, was nicht so ohne.

Mit Baulichkeiten ist es mißlich.
Ob man sie schätzt, ist ungewißlich.

Ein Mensch von andrem Kunstgeschmacke,
Ein Gärtner, kam mit einer Hacke.

Durch kurzen Hieb nach langer Lauer
Zieht er ans Licht den Tempelbauer
Und haut so derb ihn übers Ohr,
Daß er den Lebensgeist verlor.

Da liegt er nun, der stolze Mann.
Wer tut die letzte Ehr ihm an?

Drei Käfer, schwarz und gelbgefleckt,
Die haben ihn mit Sand bedeckt.

Der Traum

Ich schlief. Da hatt ich einen Traum.
Mein Ich verließ den Seelenraum.

Frei vom gemeinen Tagesleben,
Vermocht ich leicht dahinzuschweben.
So angenehm mich fortbewegend,
Erreicht ich eine schöne Gegend.

Wohin ich schwebte, wuchs empor
Alsbald ein bunter Blumenflor,
Und lustig schwärmten um die Dolden
Viel tausend Falter, rot und golden.

Ganz nah auf einem Lilienstengel,
Einsam und sinnend, saß ein Engel,
Und weil das Land mir unbekannt,
Fragt ich: Wie nennt sich dieses Land?

Hier, sprach er, ändern sich die Dinge.
Du bist im Reich der Schmetterlinge.

Ich aber, wohlgemut und heiter,
Zog achtlos meines Weges weiter.

Da kam, wie ich so weiter glitt,
Ein Frauenbild und schwebte mit,
Als ein willkommenes Geleite,
Anmutig lächelnd mir zur Seite,
Und um sie nie mehr loszulassen,
Dacht ich die Holde zu umfassen;
Doch eh ich Zeit dazu gefunden,
Schlüpft sie hinweg und ist verschwunden.

Mir war so schwül. Ich mußte trinken.
Nicht fern sah ich ein Bächlein blinken.
Ich bückte mich hinab zum Wasser.

Gleich faßt ein Arm, ein kalter blasser,
Vom Grund herauf mich beim Genick.

Zwar zog ich eilig mich zurück,
Allein der Hals war steif und krumm,
Nur mühsam dreht ich ihn herum,
Und ach, wie war es rings umher
Auf einmal traurig, öd und leer.

Von Schmetterlingen nichts zu sehn,
Die Blumen, eben noch so schön,
Sämtlich verdorrt, zerknickt, verkrumpelt.
So bin ich seufzend fortgehumpelt,
Denn mit dem Fliegen, leicht und frei,
War es nun leider auch vorbei.

Urplötzlich springt aus einem Graben,
Begleitet vom Geschrei der Raben,
Mir eine Hexe auf den Nacken
Und spornt mich an mit ihren Hacken
Und macht sich schwer, wie Bleigewichte,
Und drückt und zwickt mich fast zunichte,
Bis daß ich matt und lendenlahm
Zu einem finstern Walde kam.

Ein Jägersmann, dürr von Gestalt,
Trat vor und rief ein dumpfes Halt.

Schon liegt ein Pfeil auf seinem Bogen,
Schon ist die Sehne straff gezogen.
Jetzt trifft er dich ins Herz, so dacht ich,
Und von dem Todesschreck erwacht ich
Und sprang vom Lager ungesäumt,
Sonst hätt ich wohl noch mehr geträumt.

Immer wieder

Der Winter ging, der Sommer kam.
Er bringt aufs neue wieder
Den vielbeliebten Wunderkram
Der Blumen und der Lieder.

Wie das so wechselt Jahr um Jahr,
Betracht ich fast mit Sorgen.
Was lebte, starb, was ist, es war,
Und heute wird zu morgen.

Stets muß die Bildnerin Natur
Den alten Ton benützen,
In Haus und Garten, Wald und Flur,
Zu ihren neuen Skizzen.

Auf Wiedersehn

Ich schnürte meinen Ranzen
Und kam zu einer Stadt,
Allwo es mir im ganzen
Recht gut gefallen hat.

Nur eines macht beklommen,
So freundlich sonst der Ort:
Wer heute angekommen,
Geht morgen wieder fort.

Bekränzt mit Trauerweiden,
Vorüber zieht der Fluß,
Den jeder beim Verscheiden
Zuletzt passieren muß.

Wohl dem, der ohne Grauen,
In Liebe treu bewährt,
Zu jenen dunklen Auen
Getrost hinüberfährt.

Zwei Blinde, müd vom Wandern,
Sah ich am Ufer stehn,
Der eine sprach zum andern:
Leb wohl, auf Wiedersehn.

Wie andre, ohne viel zu fragen,
Ob man hier oben mich gebraucht,
So bin auch ich zu Lust und Plagen
Im Strom der Dinge aufgetaucht.
Geduld! Nach wenigen Minuten
Versink ich wieder in den Fluten.

Immerhin

Mein Herz, sei nicht beklommen,
Noch wird die Welt nicht alt.
Der Frühling ist wiedergekommen,
Frisch grünt der deutsche Wald.

Seit Ururvätertagen
Stehen die Eichen am See,
Die Nachtigallen schlagen,
Zur Tränke kommt das Reh.

Die Sonne geht auf und unter
Schon lange vieltausendmal,
Noch immer eilen so munter
Die Bächlein ins blühende Tal.

Hier lieg ich im weichen Moose
Unter dem rauschenden Baum,
Die Zeit, die wesenlose,
Verschwindet als wie ein Traum.

Von kühlen Schatten umdämmert,
Versink ich in selige Ruh;
Ein Specht, der lustig hämmert,
Nickt mir vertraulich zu.

Mir ist, als ob er riefe:
Heija, mein guter Gesell,
Für ewig aus dunkler Tiefe
Sprudelt der Lebensquell.

Erbauliche Bescheidenheit

Sehr schlecht befand sich Mutter Klöhn.
Sie kann nicht gehn,
Ist krumm und lahm
Und liegt zu Bett und rührt sich nicht.
Seit zwanzig Jahren hat sie schon die Gicht.

Herr Küster Bötel, welcher häufig kam,
Um gute Beßrung ihr zu wünschen,
Erzählt ihr auch des weitern,
Um sie ein wenig zu erheitern,
Die Mordgeschichte, die man jüngst verbrochen.

Ja, denken Sie nur mal,
Der Präsident von Frankreich ist erstochen
Von einem Strolch
Mit einem Dolch.
Ist das nicht ein Skandal?

Oh, Lü und Kinners, rief sie voller Graun,
Wat gift et doch vär Minschen.
Sau wat könn *eck* doch nich e daun!!

Herr Bötel sprach und sah sie freundlich an:
Dies Wort von Ihnen mag ich leiden.
Ein guter Mensch ist niemals unbescheiden
Und tut nicht mehr, als was er kann.
Adieu, Frau Klöhn!
Auf fröhlich Wiedersehn!

Frühlingslied

In der Laube von Syringen,
Oh, wie ist der Abend fein.
Brüder, laßt die Gläser klingen,
Angefüllt mit Maienwein.

Heija, der frische Mai,
Er bringt uns mancherlei.
Das Schönste aber hier auf Erden
Ist lieben und geliebt zu werden,
Heija, im frischen Mai.

Über uns die lieben Sterne
Blinken hell und frohgemut,
Denn sie sehen schon von ferne,
Auch hier unten geht es gut.

Wer sich jetzt bei trüben Kerzen
Der Gelehrsamkeit befleißt,
Diesem wünschen wir von Herzen,
Daß er bald Professor heißt.

Wer als Wein- und Weiberhasser
Jedermann im Wege steht,
Der genieße Brot und Wasser,
Bis er endlich in sich geht.

Wem vielleicht sein altes Hannchen
Irgendwie abhanden kam,
Nur getrost, es gab schon manchen,
Der ein neues Hannchen nahm.

Also, eh der Mai zu Ende,
Aufgeschaut und umgeblickt,
Keiner, der nicht eine fände,
Die ihn an ihr Herze drückt.

Jahre steigen auf und nieder;
Aber, wenn der Lenz erblüht,
Dann, ihr Brüder, immer wieder
Töne unser Jubellied.

Heija, der frische Mai,
Er bringt uns mancherlei,
Das Schönste aber hier auf Erden
Ist lieben und geliebt zu werden,
Heija, im frischen Mai.

Peinlich berührt

Im Dorfe wohnt ein Vetter,
Der gut versichert war
Vor Brand und Hagelwetter
Nun schon im zehnten Jahr.

Doch nie seit dazumalen
Ist ein Malör passiert,
Und so für nichts zu zahlen,
Hat peinlich ihn berührt.

Jetzt, denkt er, überlasse
Dem Glück ich Feld und Haus,
Ich pfeife auf die Kasse.
Und schleunig trat er aus.

Oweh, nach wenig Tagen
Da hieß es: Zapperment!
Der Weizen ist zerschlagen
Und Haus und Scheune brennt.

Ein Narr hat Glück in Masse,
Wer klug, hat selten Schwein.
Und schleunig in die Kasse
Trat er halt wieder ein.

Gründliche Heilung

Es saß der fromme Meister
Mit Weib und Kind bei Tisch.
Ach, seine Lebensgeister
Sind nicht wie sonst so frisch.

Er sitzt mit krummem Nacken
Vor seinem Leibgericht,
Er hält sich beide Backen,
Worin es heftig sticht.

Das brennt wie heiße Kohlen.
Au, schreit er, au, verdammt!
Der Teufel soll sie holen,
Die Zähne allesamt!

Doch gleich, wie es in Nöten
Wohl öfter schon geschah,
Begann er laut zu beten:
Hilf, Apollonia!

Kaum daß aus voller Seele
Er diesen Spruch getan,
Fällt aus des Mundes Höhle
Ihm plötzlich jeder Zahn.

Und schmerzlos, Dank dem Himmel,
Schmaust er, wie sonst der Brauch,
Nur war es mehr Gemümmel,
Und lispeln tät er auch.

Pohsit! Wie klingt so niedlich
Des Meisters Säuselton.
Er trank, entschlummert friedlich,
Und horch, da schnarcht er schon.

In trauter Verborgenheit

Ade, ihr Sommertage,
Wie seid ihr so schnell enteilt,
Gar mancherlei Lust und Plage
Habt ihr uns zugeteilt.

Wohl war es ein Entzücken,
Zu wandeln im Sonnenschein,
Nur die verflixten Mücken
Mischten sich immer darein.

Und wenn wir auf Waldeswegen
Dem Sange der Vögel gelauscht,
Dann kam natürlich ein Regen
Auf uns herniedergerauscht.

Die lustigen Sänger haben
Nach Süden sich aufgemacht,
Bei Tage krächzen die Raben,
Die Käuze schreien bei Nacht.

Was ist das für Gesause!
Es stürmt bereits und schneit.
Da bleiben wir zwei zu Hause
In trauter Verborgenheit.

Kein Wetter kann uns verdrießen.
Mein Liebchen, ich und du,
Wir halten uns warm und schließen
Hübsch feste die Türen zu.

Der Türmer

Der Türmer steht auf hohem Söller
Und raucht sein Pfeifchen echten Kneller,
Wobei der alte Invalid
Von oben her die Welt besieht.

Es kommt der Sommer allgemach.
Die Schwalben fliegen um das Dach,
Derweil schon manche stillbeglückt
Im Neste sitzt und fleißig drückt.
Zugleich tritt aus dem Gotteshaus
Ein neuvermähltes Paar heraus,
Das darf sich nun in allen Ehren
Getreulich lieben und vermehren. –

Der Sommer kam, und allenthalben
Schwebt ungezählt das Heer der Schwalben,
Die, wenn sie flink vorüberflitzen,
Des Türmers alten Hut beschmitzen.
Vom Platze unten tönt Juchhei,
Die Klosterschüler haben frei,
Sie necken, schrecken, jagen sich,
Sie schlagen und vertragen sich
Und grüßen keck mit Hohngelächter
Des Turmes hochgestellten Wächter. –

Der Sommer ging, die Schwalben setzen
Sich auf das Kirchendach und schwätzen.
Sie warten, bis der Abend da,
Dann flogen sie nach Afrika.

Doch unten, wo die Fackeln scheinen,
Begraben sie mal wieder einen
Und singen ihm nach frommer Weise
Ein Lebewohl zur letzten Reise.

Bedenklich schaut der Türmer drein.
Still geht er in sein Kämmerlein
Zu seinem großen Deckelkrug,
Und als die Glocke zehne schlug,
Nahm er das Horn mit frischem Mut
Und blies ein kräftiges Tuhuht.

*

Mein Lebenslauf ist bald erzählt. –

In stiller Ewigkeit verloren
Schlief ich, und nichts hat mir gefehlt,
Bis daß ich sichtbar ward geboren.

Was aber nun? – Auf schwachen Krücken,
Ein leichtes Bündel auf dem Rücken,
Bin ich getrost dahingeholpert,
Bin über manchen Stein gestolpert,
Mitunter grad, mitunter krumm,
Und schließlich mußt ich mich verschnaufen.

Bedenklich rieb ich meine Glatze
Und sah mich in der Gegend um.

Oweh! Ich war im Kreis gelaufen,
Stand wiederum am alten Platze,
Und vor mir dehnt sich lang und breit,
Wie ehedem, die Ewigkeit.

Dank und Gruß

Ich weiß nicht mehr genau, wie es gekommen.
Kurzum! Nach längerem Verborgensein
Hab ich dereinst auf Erden Platz genommen,
Um auch einmal am Licht mich zu erfreun.

Und allsogleich faßt mich die Zeit beim Kragen
Und hat mich neckisch, ohne viel zu fragen,
Bald gradeaus, bald wiederum im Bogen,
Durch diese bunte Welt hindurchgezogen.

Inzwischen pflückt ich an des Weges Rand
Mir dies und das, was ich ergötzlich fand.

Auch leert ich manchmal manchen vollen Krug
Mit guten Freunden, bis es hieß: Genug!

Nur eins erschien mir oftmals recht verdrießlich:
Besah ich was genau, so fand ich schließlich,
Daß hinter jedem Dinge höchst verschmitzt
Im Dunkel erst das wahre Leben sitzt.

Allein, wozu das peinliche Gegrübel?
Was sichtbar bleibt, ist immerhin nicht übel.

Nun kommt die Nacht. Ich bin bereits am Ziele.
Ganz nahe hör ich schon die Lethe fließen.
Und sieh! Am Ufer stehen ihrer viele,
Mich, der ich scheide, freundlich zu begrüßen.
Nicht allen kann ich sagen: Das tut gut!
Der Fährmann ruft. Ich schwenke nur den Hut.

Haß, als minus und vergebens,
Wird vom Leben abgeschrieben.
Positiv im Buch des Lebens
Steht verzeichnet nur das Lieben.
Ob ein Minus oder Plus
Uns verblieben, zeigt der Schluß.

*

Solange Herz und Auge offen,
Um sich am Schönen zu erfreun,
So lange, darf man freudig hoffen,
Wird auch die Welt vorhanden sein.

*

Obgleich die Welt ja, sozusagen,
Wohl manchmal etwas mangelhaft,
Wird sie doch in den nächsten Tagen
Vermutlich noch nicht abgeschafft.

Leider

So ist's in alter Zeit gewesen,
So ist es, fürcht ich, auch noch heut.
Wer nicht besonders auserlesen,
Dem macht die Tugend Schwierigkeit.

Aufsteigend mußt du dich bemühen,
Doch ohne Mühe sinkest du.
Der liebe Gott muß immer ziehen,
Dem Teufel fällt's von selber zu.

*

Scheint dir auch mal das Leben rauh,
Sei still und zage nicht,
Die Zeit, die alte Bügelfrau,
Macht alles wieder schlicht.

*

Wenn andre klüger sind als wir,
Das macht uns selten nur Pläsier.
Doch die Gewißheit, daß sie dümmer,
Erfreut fast immer.

*

Oft ist das Denken schwer, indes
Das Schreiben geht auch ohne es.

*

Wie klein ist das, was einer ist,
Wenn man's mit seinem Dünkel mißt.

*

Was man besonders gerne tut,
Ist selten ganz besonders gut.

*

Sag nie bestimmt: Es wird erreicht!
Ein schönes Wörtchen ist »Vielleicht«.

*

Es ist halt schön,
Wenn wir die Freunde kommen sehn. –
Schön ist es ferner, wenn sie bleiben
Und sich mit uns die Zeit vertreiben. –
Doch wenn sie schließlich wieder gehn,
Ist's auch recht schön. –

Zu Neujahr

Will das Glück nach seinem Sinn
Dir was Gutes schenken,
Sage Dank und nimm es hin
Ohne viel Bedenken.

Jede Gabe sei begrüßt,
Doch vor allen Dingen:
Das, worum du dich *bemühst,*
Möge dir gelingen.

Widmung in einem Kochbuch

Es wird behauptet, und mit Grund,
Ein nützlich Werkzeug sei der Mund. –
Zum ersten: Läßt das Ding sich dehnen,
Wie Guttapercha, um zu gähnen.
   Ach Grete! Wenn Du dieses mußt,
   Tu es im stillen, doch mit Lust.
Zum zweiten: Wenn es grad vonnöten,
Kann man ihn spitzen, um zu flöten.
   Sitzt dann der Schatz auch mal allein,
   Dies wird ihm Unterhaltung sein.

Zum dritten: Läßt der Mund sich brauchen,
Wenn's irgend passend, um zu rauchen.
Dies kannst Du deinem guten Gatten,
Der darum bittet, wohl gestatten.
Zum vierten: Ist es kein Verbrechen,
Den Mund zu öffnen, um zu sprechen.
Vermeide nur Gemütserregung;
Sprich lieber sanft mit Überlegung.
Denn mancher hat sich schon beklagt:
Ach, hätt ich das doch nicht gesagt!
Zum fünften: Wie wir alle wissen,
So eignet sich der Mund zum Küssen.
Sei's offen, oder sei's verhohlen,
Gegeben oder nur gestohlen,
Ausdrücklich oder nebenher;
Bei Scheiden oder Wiederkehr,
Im Frieden und nach Kriegszeiten,
Ein Kuß hat seine guten Seiten.
Zum Schluß jedoch nicht zu vergessen:
Hauptsächlich dient der Mund zum Essen.
Gar lieblich dringen aus der Küche
Bis an das Herz die Wohlgerüche.
Hier kann die Zunge fein und scharf
Sich nützlich machen, und sie darf
Hier durch Gebrätel und Gebrittel
Bereitet man die Zaubermittel
In Töpfen, Pfannen oder Kesseln,
Um ewig den Gemahl zu fesseln;
Von hier aus herrscht mit schlauem Sinn
Die Haus- und Herzenskönigin. –
Liebs Gretchen! Halt Dich wohlgemut!
Regiere mild und koche gut!

Nachwort des Herausgebers

In chronologischer Folge – nach Erscheinungsdaten und, soweit es sich um nachgelassene Arbeiten handelt, nach Datierungen des Autors – enthält der hier vorliegende erste Band unserer Busch-Ausgabe etwa drei Viertel dessen, was Wilhelm Busch beim Betrachten seines Gesamtwerkes als *Gedichte* definiert hätte. Unser Versuch ist neu. Er möchte die Entwicklung des ›Lyrikers‹ und ›Epigrammatikers‹ von den bescheidenen Anfängen, die sich in der Düsseldorf-Antwerpener Schreibkladde niederschlugen, bis zu den Zeugnissen gelassener Rückschau auf ein – trotz allem, so ganz anders verlief als erstrebt und erwartet – erfülltes Künstlerdasein sichtbar machen (mehr hierüber im Nachwort zu detebe 20113 – Prosa).

Unsere Auswahl enthält, was der Verskünstler Busch an Wesentlichem und bis auf den heutigen Tag Gültigem hinterlassen hat. Dazu gehören auch ein paar Grenzfälle, die den Wettstreit zwischen Wort und Bild belegen, den Busch zugunsten einer reinlichen Trennung von Gedicht (ohne Bilder) und Bildergeschichte (Einheit von Zeichnung und Vers) für sich entschied. Kriterium für die Aufnahme in diesen Gedichtband war dabei stets das – selbst in der *Ballade von den sieben Schneidern* (50 ff.) eindeutige – Ja auf die Frage, ob die Verse auch ohne die dazu geschaffenen Zeichnungen bestehen könnten.

Unsere Auswahl schließt aus, was Busch als unausgegorenen Entwurf, als Gefälligkeitsreimerei oder allzu private Gelegenheitsdichtung nicht veröffentlicht sehen wollte. Sie begünstigt jedoch – möglicherweise auch gegen zeitbedingte Bedenken des Autors –, was Biederleute in der zweiten Hälfte des 19. Jahrhunderts unterdrückten oder gern unterdrückt gesehen hätten. Demgemäß galt es nicht nur, einige Beiträge Buschs zu den Kneipzeitungen des Künstlervereins ›Jung-München‹ (1854 bis etwa 1862) exemplarisch vorzuführen, sondern auch ein unveröffentlicht gebliebenes ›Lumpenlied‹ (Anm. zu 19) aufzunehmen, um das Bild zu runden. Die beiden Sammlungen *Kritik des Herzens* (1874) und *Zu guter Letzt* (1904) bringen wir ungekürzt. Die 1909, ein Jahr nach Buschs Tod, unter dem Titel *Schein und Sein* erschienene Sammlung von 70 nachgelassenen Gedichten durften wir dagegen bedenkenlos auflösen. 59 dieser Gedichte haben wir in chronologischer Folge vor und hinter *Zu guter Letzt* eingebaut. Diese neue Ordnung des Bestandes sollte jedem willkommen sein, der den Rhythmus im Schaffensweg des Dichters Busch erkennen und seine Schlüsse daraus ziehen möchte.

Die Texte dieses Bandes haben wir nach den Handschriften und anderen zuverlässigen Unterlagen des *Wilhelm Busch Archivs* in Hannover revidiert. – Die in den Anmerkungen erwähnten *Spricker* (Spr) – *Dürre Zweige, kurz gebrochen, Etwas dünner oder dicker, Um Kaffee dabei zu kochen, Diese Zweige heißen Spricker* – sind mit Bleistift notierte Ideenskizzen und Sprüche, die Busch in einem kleinen leeren Buchdeckel aufbewahrte. – Einige in den Anmerkungen enthaltene Hinweise auf Motiv-Parallelen, insbesondere in den Briefen Buschs, wollen nur anregen. Sie erheben keinen Anspruch auf Vollständigkeit.

F. B.

Literatur

Friedrich Bohne: Wilhelm Busch, Leben – Werk – Schicksal, Zürich 1958: 76, 129 f., 132 ff., 203 f., 284 ff.
Johannes Klein: Geschichte der deutschen Lyrik, Wiesbaden 1957, 632 ff. (Der humoristische Realismus: Wilhelm Busch); abgedruckt in: Wilhelm Busch Jahrbuch 1957/58, 13 ff.
Joseph Kraus: Wilhelm Busch in Selbstzeugnissen und Bilddokumenten, Reinbek 1970, 112 ff.
Peter Marxer: Wilhelm Busch als Dichter, Zürich 1967
Teutobod Müller: Buschs sprach- und formkünstlerische Leistung, Diss. Marburg 1959
Otto Felix Volkmann: Wilhelm Busch der Poet. Seine Motive und seine Quellen. Leipzig 1910

Abkürzungen

Br	=	Sämtliche Briefe, Hannover 1968 und 1969
DA	=	Düsseldorf-Antwerpener Schreibkladde 1851/52
Ddm	=	Dideldum! (1874)
E	=	Erstdruck
Fl	=	Fliegende Blätter
H	=	nach der Handschrift
Kn	=	Kneipzeitungen (›Jung-München‹ – nach 1854)
N	=	H., A. und O. Nöldeke: Wilhelm Busch, 1909
Spr	=	Spricker
SuS	=	Schein und Sein, 1909
SW	=	Sämtliche Werke, herausgegeben von Otto Nöldeke, München 1943
u	=	undatiert
V	=	Verlagsabschrift
VB	=	Verstreute Blätter

Anmerkungen

7 *Romanze vom Ritter Ossa Sepia:* DA, 1851. *Ossa Sepia:* (ossa sepiae, lat.) Tintenfischbein. *Zons:* mittelalterliches Städtchen südlich von Düsseldorf
9 *Sommer. Sonntag. Sonnenschein.:* DA, dat. *Anvers. 14 May. 52.*
10 *Das Glöcklein im Walde:* Kn
11 *Für einen Porträtmaler:* Kn
12 *Stiftungslied:* Kn. *Denn die Summe ...:* vgl. *Summa Summarum* 64 und *Haß, als minus ...* 242
13 *Lied eines versimpelten Junggesellen:* Kn
14 *Seelenwanderung:* H; E Kn
16 *Wie St. Korbinianus ...:* Kn. – Busch hat die Geschichte im 8. Kap. seines *Heiligen Antonius* (ersch. 1870) verwendet.

17 *Liebesglut:* Fl 746, 126 (1859)
19 *Lieder eines Lumpen:* Fl 750, 154 ff. (1859). Dort mit Illustrationen, in denen Wilhelm Diez (1839–1907) den jungen Busch karikiert hat. – H, dat. *München. März 1859.* Ursprünglich als IV vorgesehen und nicht veröffentlicht:

> Wie ist mir stets der Sonntag doch
> Von allen Tagen in der Woch
> Langweilig und abscheulich.
> Die Leut' sind alle so geputzt,
> Ich selber bin so abgenutzt –,
> Ich geh zum Walde eilig.
>
> Im Walde wälz' ich mich zum Spaß
> In Blumen und in grünem Gras
> Und kriech auf allen Vieren;
> Doch selbst im allertiefsten Hain
> Bleibt man des Sonntags nicht allein –
> Drei Fräulein da spatzieren.
>
> Sie gehn so nah an mir vorbei,
> Sie haben der Lorgnetten drei,
> Sie kichern und sie kosen,
> Sie kichern und fixiren mich,
> Es scheint mir sie moquiren sich – –
> Ich greif an meine Hosen.
>
> Schon lange war mir's da so kühl;
> Und wie ich so nach hinten fühl – – –
> Die Hose war in Fetzen!! –
> Abscheulich, greulich, fürchterlich!!
> Sogar die Bäume schütteln sich
> Vor Schauder und Entsetzen.

25 *Schreckliche Folgen eines Bleistifts:* Fl 792, 78 ff. (1860)
30 *Trauriges Resultat einer vernachlässigten Erziehung:* Fl 796, 108 ff. (1860)
39 *Die Mohrenträne:* Fl 797, 118 f. (1860)
43 *Der Geigenseppel:* H, 1860; E Neues Wilhelm-Busch-Album, 1912
47 *Metaphern der Liebe:* Fl 834, 203 ff. (1861)
50 *Die Ballade von den sieben Schneidern:* Fl 842, 59 ff. (1861)
54 *Der Lohn einer guten Tat:* Fl 877, 135 f. (1862)
60 *Zwei Stammbuchverse:* Fl 925, 101 (1863). Zollverband: der seit 1834 bestehende Deutsche Zollverein, der eine deutsche Wirtschaftseinheit vorbereiten sollte
62 *Wie man Obstauflauf macht:* H, Beilage zum Brief an Nanda und Letty Keßler, 21. 8. 1871
63 *Individualität:* Ddm (1874)
64 *Summa summarum:* ebd. – vgl. Stiftungslied 12 und Haß, als minus . . . 242. – *Dilemma:* ebd.

67 *Kritik des Herzens:* erschien im Herbst 1874. Die 80 Gedichte dürf-
bis ten zum großen Teil zwischen 1872 und 1874 entstanden sein. Busch
110 hat nicht nach Entstehungszeit arrangiert (vgl. Anm. zu 153 *Zu guter Letzt*). – Die *Kritik* machte *viel Wirbelwind in den Blättern* ... (an Johanna Keßler, 2. 12. 1874). Der ›Kaiserlich Türkische Generalconsul‹ Spieß in Leipzig schrieb in einem Leserbrief, wovon er dem Bassermann-Verlag eine Abschrift sandte, das Buch gehöre nicht auf den Weihnachtstisch, sondern ins Feuer. »... trivial ist das meiste, schal fast alles und schmutzig-lasziv viel zu viel ... Wenn jemand, der sich eine gewisse Popularität erworben hat, diese dazu mißbraucht, um solches Zeug in die Welt zu setzen, dann gebührt ihm eine derbe Abfertigung ... Für das neueste Werk des Dichters Busch hätte derselbe am besten das Lieblingstier des hl. Antonius (*das Schwein*) selbst als Motto gewählt ...« – Busch notierte gegen Ende 1874 auf einem Andruck des Außentitels der ›Kritik‹: *In kleinen Variationen über ein bedeutendes Thema soll dies Büchlein ein Zeugnis meines und unseres bösen Herzens ablegen. Recht unbehaglich! muß ich sagen.* – *Also schweigen wir darüber, oder nehmen wir die Miene der Verachtung an und sagen, es sei nicht der Mühe wert, oder sagen wir kurzweg: es ist nicht wahr! Wer das letztere vorzieht, der trete vor und lasse sich etwas genauer betrachten.* – *Was aber die sogenannte sittliche Entrüstung anbelangt, so muß sie wohl keine rechte Tugend sein, weil wir so eifrig dahinter her sind.* – *Schwieriger und heilsamer scheint mir das offene Geständnis, daß wir nicht viel taugen* »*von Jugend auf*«. – Textrevision der achtzig Gedichte nach V und E.

86 *Kinder, lasset uns besingen* ...: Bearbeitung des ›Liedes von der roten Nase‹, Fl 803, 167 (1860). *Onkel Kaspers:* Kaspar Braun, Herausgeber der Fliegenden Blätter

88 *Langhals:* Figur des volkstümlichen Handpuppenspiels mit wetterwendischem Charakter, deren Kopf durch einen am Knie des Puppenspielers befestigten Stab gehoben werden kann

93 *Darwin:* Busch war ein Anhänger der Entwicklungslehre Charles Darwins (1809–1882) – vgl. die Anmerkungen zu *Fipps der Affe* (detebe 20111).

96 ... *Bild von Brouwer:* das Gemälde ›Operation am Rücken‹ von dem flämischen Malei Adriaen Brouwer (1606–1638) im Städelschen Kunstinstitut Frankfurt am Main – vgl. Wilhelm-Busch-Jahrbuch 1967, 21 ff.

103 *verprömmelt:* niederdeutsch für kraus zusammengedrückt, zerknittert, hier wohl = verschrumpelt, vertrocknet

105 *Sie war ein Blümlein hübsch und fein* ...: wahrscheinlich dichterischer Niederschlag einer vergeblichen Werbung Buschs um Anna Richter, die 1863/64 in der Familie des Bruders Gustav Busch in Wolfenbüttel die Hauswirtschaft erlernte

107 *Du süßes Mädchen* ...: Buschs jüngste Schwester Anna, die 1858 im Alter von 15 Jahren starb

110 *O du, die mir die Liebste war* ...: Buschs Mutter, die am 16. Januar 1870 starb

111 *Die Uhren:* H, 1876; E VB, 71
115 *Zum Neujahr:* E »Die Gegenwart« IX/1876
117 *Ich spüre nichts!:* Der Kehrreim erinnert an die Kapitelschlüsse in *Plisch und Plum* (detebe 20111 : *Ist fatal* . . .
119 *Der unsichtbare Schäfer:* H, um 1880
122 *Fink und Frosch:* H, um 1880, dito die Zeichnung 123; vgl. *Auf leichten Schwingen . . .* 169
124 *Der Nöckergreis:* H, dat. Januar 1893; E *Die fromme Helene,* 100. Tsd., 1893
127 *Der Stern:* H, Okt. 1893; E »Lechner's Mittheilungen«, Wien 1893. – *Unbeliebtes Wunder:* H, 1895; E SuS. *Martin Bischofs* hat Otto Nöldeke in SW in *Bischof Martins* geändert.
129 *Zum Geburtstag:* H, Juni 1898, an Nanda Keßler (Br II, 128); E SuS
130 *Schein und Sein:* H, 1899. Erstes der von Otto Nöldeke unter diesem Titel 1909 bei Lothar Joachim in München herausgegebenen 70 nachgelassenen Gedichte. Wir haben, wie erwähnt, diese Sammlung aufgelöst und ihre wesentlichen Bestandteile chronologisch geordnet. Folgende Gedichte sind datiert:
131 *Woher, wohin?* bis 149 *Nörgeln:* 1899; 149 *Vertraut* bis 151 *Unfrei:* 1900; 152 *Bös und Gut:* 1902.
134 *Der fremde Hund:* vgl. Br I, Nr. 283 (an Maria Anderson) und *Hund und Katze* 207
153 *Zu guter Letzt:* 1904, ohne Überschriften, weil Busch ein Pendant zur
bis *Kritik des Herzens* vorschwebte. Seit 1908 mit den in der Hand-
232 schrift *Mechtshausen. 1903.* vorgefundenen Überschriften. Textrevision nach H 1903. Busch hat offensichtlich nicht nach Entstehungszeit arrangiert. Hier, soweit vorhanden, die Daten:
153 *Beschränkt* Sept. 1899, *Geschmackssache* 1899; 154 *Durchweg lebendig* 1900; 155 *Nachruhm* 1899, *Der alte Narr* 1902; 156 *Die Tute* 1899; 157 *Kränzchen* Nov. 1899; 158 *Nicht beeidigt* Aug. 1899, *Die Schändliche* Aug. 1899; 160 *Zauberschwestern* Aug. 1899, *Die Schnecken* 1902; 162 *Seelenwanderung* und *Pst!* Juli 1899; 163 *Die Meise* 1902; 164 *Pfannenkuchen und Salat* 1902; 166 *Glaube* Juli 1899; 167 *Kopf und Herz* 1900, *Der kluge Kranich* 1902; 169 *Fink und Frosch* 1902; 171 *Scheu und treu* Juli 1899; 172 *Der Wetterhahn* Febr. 1899, *Querkopf* Juli 1899; 173 *Noch zwei?* 1902, *Wie üblich* 1900; 175 *Strebsam* April 1899; 176 *Sonst und jetzt* April 1899; 178 *Der Schatz* Febr. 1899; 179 *Drum* Juni 1899, *Der Kohl* 1902; 181 *Reue* Juli 1899; 183 *Gemartert* Juli 1899; 184 *Die Mücken* 1902; 187 *Unverbesserlich* 1902; 188 *Der innere Architekt* Mai 1899, *Verstand und Leidenschaft* Juni 1899; 192 *Lache nicht* 1899; 194 *Ja ja!* Juni 1899; 195 *Die Birke* Febr. 1899; 196 *Im Herbst* 1902, *Der Ruhm* 1902; 197 *Die Unbeliebte* Juli 1899; 198 *Der Philosoph* 1899; 200 *Plaudertasche* Febr. 1899, *Duldsam* März 1899; 201 *Daneben* Juni 1899; 203 *Der Knoten* März 1900, *Der Asket* Jan. 1900; 204 *Tröstlich* Juni 1899; 205 *Der Narr* Juli 1899; 206 *Der Schadenfrohe* 1902; 207 *Hund und Katze* 1902; 209 *Abschied* Juni 1899, *Fuchs und Gans* 1901; 213 *Dunkle Zukunft* Mai 1899; 214 *Die Kleinsten* Juli 1899; 215 *Lebensfahrt* April 1899; 218 *Der Geist* 1899; 219 *Teufelswurst*

1899; 221 *Der Spatz* April 1899; 222 *Zu gut gelebt* 1899; 225 *Spatz und Schwalben* 1902; 226 *Gut und böse* 1899, *Oben und unten* April 1899, *Zu zweit* Aug. 1899; 227 *Ein Maulwurf* 1902; 229 *Der Traum* 1900; 231 *Immer wieder* März 1899, *Auf Wiedersehn* 1903.
155 *Der alte Narr:* vgl. Br II, Nr. 1076: . . . *steigen immer wieder aufs Seil* . . .
169 *Fink und Frosch:* vgl. 122 f.
207 *Hund und Katze:* vgl. 134 *Der fremde Hund* und Br II, Nr. 1228, 1229 und 1269
223 *Der Einsame:* vgl. 13
232 *Wie andre, ohne viel zu fragen:* Faksimile ›Jugend‹ Nr. 14/1902
233 *Immerhin:* 1905. E Strophe 3 bis 6 in »Adolf Wilbrandt. Zum 24. August 1907« (Cotta), E vollständig SuS
234 *Erbauliche Bescheidenheit:* 1906, SuS
235 *Frühlingslied:* 1907, SuS
236 *Peinlich berührt:* H, Juni 1907; SuS
237 *Gründliche Heilung:* H, 1907 (vor 3. Aug.); E Faksimile »Die lustige Woche« Nr. 37/1907 (12. Sept.); SuS
238 *In trauter Verborgenheit:* 1907, SuS
239 *Der Türmer:* 1907, SuS
240 *Mein Lebenslauf:* Faksimile ›Jugend‹ Nr. 16/1907
241 *Dank und Gruß:* April 1907, Faksimile N, 197
242/3 *Haß, als minus . . .:* H, 1891, Br II, 303; vgl. *Stiftungslied* 12 und *Summa Summarum* 64
243 *Obgleich die Welt . . .:* H, 1907. – *Leider!:* 1907, SuS
244 Alle Beiträge dieser Seite: H Spr, u
245 *Es ist halt schön . . .:* 28. 1. 82, an F. A. von Kaulbach (Br I, 227). – *Zu Neujahr:* 1907, SuS. – *Widmung in einem Kochbuch:* H, Nov. 1883 (für Margarethe Fehlow), auf dem Vorsatzpapier von ›Illustrirtes Kochbuch für bürgerliche Haushaltungen wie auch für die feine Küche von L. Kurth‹, Leipzig 1883. Faksimile Briefe I, vor 241

Register der Überschriften und Anfänge

Abends, wenn die Heimchen singen ... 191
Abschied 209
Ach, ich fühl es! Keine Tugend ... 93 f.
Ach, wie eilte so geschwinde ... 209
Ach, wie geht's dem Heilgen Vater! ... 82 f.
Ach, wie oft kommt uns zu Ohren ... 30 f.
Ach, wie vieles muß man rügen ... 211
Ade, ihr Sommertage ... 238 f.
Ärgerlich 141 f.
Als er noch krause Locken trug ... 103
Als ich ein kleiner Bube war ... 19
Als ich in Jugendtagen ... 203
Als Kind von angenehmen Zügen ... 206 f.
Also hat es dir gefallen ... 98
Armer Haushalt 141
Auch er 139
Auf leichten Schwingen frei und flink ... 169
Auf Wiedersehn ... 231 f.
Auguste, wie fast jede Nichte ... 163 f.
Aus der Mühle schaut der Müller ... 141 f.

Bald so wird es zwölfe schlagen ... 115 ff.
Bedächtig 212 f.
Befriedigt 141, 190 f.
Beiderseits 192
Beneidenswert 139
Beruhigt 137
Beschränkt 153
Bestimmung 182 f.
Bewaffneter Friede 158 f.
Bis auf weiters 145
Bös und Gut 152

Da kommt mir eben so ein Freund ... 85
Daneben 201 f.
Dank und Gruß 241
Das Bild des Manns in nackter Jugendkraft ... 94
Das Blut 144
Das Brot 176 f.
Das glaube mir – so sagte er ... 64 f.
Das Glöcklein im Walde 10 f.
Das Messer blitzt, die Schweine schrein ... 145
Das Pfäfflein saß beim Frühstücksschmaus ... 219
Daß der Kopf die Welt beherrsche ... 226

Das Sonnenstäubchen fern im Raume ... 149
Den ganzen noblen Plunder soll ... 24
Denkst du dieses alte Spiel ... 97
Der alte Förster Püsterich ... 85 f.
Der alte Junge ist gottlob ... 97
Der alte Narr 155 f.
Der Asket 203 f.
Der Bauer sprach zu seinem Jungen ... 159 f.
Der Begleiter 192 ff.
Der dicke Kämmrer in Ägyptenland ... 14 f.
Der Dornenstrauch 117 ff.
Der Einsame 223 f.
Der Fährmann lag in seinem Schiff ... 154 f.
Der fremde Hund 134
Der Geigenseppel 43 ff.
Der Geist 218 f.
Der gütige Wandrer 180 f.
Der Hausknecht in dem »Weidenbusch« ... 69
Der heilge Korbinianus, das weiß ein jeder wohl ... 16 f.
Der innere Architekt 188
Der Juni kam. Lind weht die Luft ... 129 f.
Der kluge Kranich 167 f.
Der Knoten 203
Der Kobold 189 f.
Der Kohl 179 f.
Der Lohn einer guten Tat 54 ff.
Der Mond und all die Sterne ... 19
Der Narr 205
Der Nöckergreis 124 ff.
Der Philosoph 198 f.
Der Renommist 131 f.
Der Ruhm 196 f.
Der Ruhm, wie alle Schwindelware ... 196 f.
Der Schadenfrohe 206
Der Schatz 178
Der schöne Sommer ging von hinnen ... 196
Der Spatz 221 f.
Der Stern 127
Der Stoffel wankte frohbewegt ... 178
Der Teetopf war so wunderschön ... 135
Der Traum 229 f.
Der Türmer 239 f.
Der Türmer steht auf hohem Söller ... 239 f.
Der unsichtbare Schäfer 119 ff.
Der Wetterhahn 172
Der Wiedergänger 219 f.
Der Winter ging, der Sommer kam ... 231

Des Morgens früh, sobald ich mir ... 200 f.
Dich freut die liebe Sonne ... 184 f.
Die Affen 159 f.
Die Ballade von den sieben Schneidern 50 ff.
Die Birke 195
Die erste alte Tante sprach ... 84 f.
Die Freunde 186 f.
Die gnädige Frau, die alte ... 11 f.
Die Kleinsten 214 f.
Die laute Welt und ihr Ergötzen ... 227 f.
Die Lehre von der Wiederkehr ... 150
Die Liebe war nicht geringe ... 91
Die Meise 163 f.
Die Mohrenträne 39 ff.
Die Mücken 184 f.
Die Mutter plagte ein Gedanke ... 202
Die Nachbarskinder 135 f.
Die Rose sprach zum Mägdelein 71
Die Schändliche 158
Die Schnecken 160 f.
Die Seelen 154 f.
Die Selbstkritik hat viel für sich ... 70
Dies für den und das für jenen ... 153
Die Tante winkt, die Tante lacht ... 88
Die Teilung 174 f.
Die Trud 216 f.
Die Tugend will nicht immer passen ... 181 f.
Die Tute 156
Die Uhren 111 ff.
Die Unbeliebte 197 f.
Die Welt 185 f.
Die Zeit, sie orgelt emsig weiter ... 134
Dilemma 64 f.
Don Rodrigo, Don Rodrigo ... 39 ff.
Doppelte Freude 133
Drum 179
Du bist nervös. Drum lies doch mal ... 132 f.
Du fragtest mich früher nach mancherlei ... 72 f.
Du hast das schöne Paradies verlassen ... 106
Duldsam 200 f.
Du liebes Plappermäulchen ... 200
Dunkle Zukunft 213
Durch das Feld ging die Familie ... 173
Durchweg lebendig 154
Du warst noch so ein kleines Mädchen ... 98
Du willst sie nie und nie mehr wiedersehen? ... 89

Ein dicker Sack – den Bauer Bolte ... 77 f.
Ein Dornstrauch stand im Wiesental ... 206
Ein eigener Kerl war Krischan Bolte ... 172 f.
Ein Fuchs von flüchtiger Moral ... 182 f.
Ein gutes Tier ist das Klavier ... 183 f.
Ein Herr warf einem Bettelmann ... 133
Ein Kirchlein steht im Waldrevier ... 10 f.
Ein Künstler auf dem hohen Seil ... 155 f.
Ein Maulwurf 227 f.
Ein Mensch, der etwas auf sich hält ... 214
Ein Philosoph von ernster Art ... 198 f.
Ein Töpfchen stand im Dunkeln ... 137
Ein weißes Kätzchen, voller Schliche ... 194
Eitelkeit 137
Empfehlung 132 f.
Entrüstet 146 f.
Erbauliche Bescheidenheit 234
Er 'hört, als eines von den Lichtern ... 141
Er ist ein Dichter, also eitel ... 140
Er ist verliebt, laß ihn gewähren ... 146
Er liebte sie in aller Stille ... 171
Erneuerung 202
Er saß beim Frühstück äußerst grämlich ... 176 f.
Er stellt sich vor sein Spiegelglas ... 76 f.
Erst wasche Dich und schneuze Dich ... 62
Er war ein grundgescheiter Mann ... 99
Er war nicht unbegabt. Die Geisteskräfte ... 205
Es fand der geizige Bauer Kniep ... 219 f.
Es flog einmal ein muntres Fliegel ... 91
Es geht ja leider nur soso ... 185 f.
Es gibt ja leider Sachen und Geschichten ... 162 f.
Es ging der fromme Herr Kaplan ... 81 f.
Es grünte allenthalben ... 225
Es hat einmal, so wird gesagt ... 174 f.
Es hatt' ein Müller eine Mühl ... 99 f.
Es hatten sieben Schneider gar einen grimmen Mut ... 50 ff.
Es ist ein recht beliebter Bau ... 188 f.
Es ist halt schön ... 244
Es ist mal so, daß ich so bin ... 63
Es ist Sylvester. Eine schlichte Bowle ... 111 ff.
Es kam ein Lump mir in die Quer ... 70
Es kamen mal zwei Knaben ... 147
Es riefen mal drei Zwerge ... 119 ff.
Es saß der fromme Meister ... 237 f.
Es saß ein Fuchs im Walde tief ... 92
Es saßen einstens beieinand ... 76
Es saß in meiner Knabenzeit ... 87 f.
Es sitzt ein Vogel auf dem Leim ... 68

257

Es sprach der Fritz zu dem Papa . . . 88
Es spukt 191
Es stand vor eines Hauses Tor . . . 83
Es steht in Quesels Hecke . . . 117 ff.
Es wächst wohl auf der Heide . . . 195
Es war die erste Maiennacht . . . 209 f.
Es war ein Mägdlein froh und keck . . . 218 f.
Es wird behauptet, und mit Grund . . . 244 f.
Es wird mit Recht ein guter Braten . . . 79 f.
Es wohnen die hohen Gedanken . . . 67

Fehlgeschossen 138
Ferne Berge seh ich glühen! . . . 81
Fing man vorzeiten einen Dieb . . . 180 f.
Fink und Frosch 122, 169
Frau Grete hatt' ein braves Huhn . . . 222 f.
Frau Urschel teilte Freud und Leid . . . 226 f.
Frau Welt, was ist das nur mit euch? . . . 192
Frisch gewagt 147
Fritz, der mal wieder schrecklich träge . . . 213
Fritz war ein kecker Junge . . . 138
Früher, da ich unerfahren . . . 87
Frühlingslied 235 f.
Fuchs und Gans 209 f.
Für einen Porträtmaler 11 f.

Ganz richtig, diese Welt ist nichtig . . . 151 f.
Ganz unverhofft, an einem Hügel . . . 158 f.
Geboren ward er ohne Wehen . . . 148
Gedrungen 142
Gehorchen wird jeder mit Genuß . . . 190 f.
Geld gehört zum Ehestande . . . 170
Gemartert 183 f.
Gerne wollt ihr Gutes gönnen . . . 104
Geschäftig sind die Menschenkinder . . . 145
Geschmacksache 153
Gestern war in meiner Mütze . . . 103
Gestört 217 f.
Gestützt auf seine beiden Krücken . . . 157
Glaube 166
Glückspilz 148
Gott ja, was gibt es doch für Narren! . . . 93
Gründer 145
Gründliche Heilung 237 f.
Gut und Böse 226

Habt ihr denn wirklich keinen Schimmer . . . 197 f.
Hätt' einer auch fast mehr Verstand . . . 127
Hahnenkampf 211
Halt dein Rößlein nur im Zügel . . . 153

Hans, der soeben in der Stadt ... 192 ff.
Haß, als minus und vergebens ... 242
Hintenherum 214
Hinweg mit diesen alten Herrn ... 135
Hoch verehr ich ohne Frage ... 99
Höchste Instanz 199 f.
Hund und Katze 207 f.

Ich bin ein armer Schreiber nur ... 221 f.
Ich bin einmal hinausspaziert ... 22
Ich bin mal so, sprach Förster Knast ... 167 f.
Ich ging zum Wein und ließ mich nieder ... 124 ff.
Ich ging zur Bahn. Der Abendzug ... 212 f.
Ich hab in einem alten Buch gelesen ... 89 f.
Ich hab von einem Vater gelesen ... 74
Ich hatt' einmal 'n Gulden ... 20 f.
Ich kam in diese Welt herein ... 69
Ich meine doch, so sprach er mal ... 75
Ich sah dich gern im Sonnenschein ... 94 f.
Ich saß vergnüglich bei dem Wein ... 105
Ich schlief. Da hatt ich einen Traum ... 229 f.
Ich schnürte meinen Ranzen ... 231 f.
Ich weiß ein Märchen hübsch und tief ... 108 f.
Ich weiß nicht mehr genau, wie es gekommen ... 241
Ich weiß noch, wie er in der Juppe ... 95 f.
Ich wußte, sie ist in der Küchen ... 84
Ihr kennt ihn doch so manches Jahr ... 80 f.
Im Apfelbaume pfeift der Fink ... 122
Im Dorfe wohnt ein Vetter ... 236 f.
Im Herbst 196
Im Hochgebirg vor seiner Höhle ... 203 f.
Im Karneval da hab ich mich ... 21
Immerfort 149
Immerhin 233
Immer wieder 231
Im Sommer 142
In dem See die Wassermuhmen ... 144
In der ersten Nacht des Maien ... 157
In der Laube von Syringen ... 235 f.
Individualität 63
In einem Häuschen, sozusagen ... 189 f.
In einem Winkel, genannt die Butze ... 131 f.
In Sommerbäder reist jetzt ein jeder ... 142
In Tours, zu Martin Bischofs Zeit ... 127 ff.
In trauter Verborgenheit 238 f.

Jaja! 194
»Ja ja!« sprach meine alte Base ... 43 ff.

Keine Frau befiehlt ihm was ... 13 f.
Kennt der Kerl denn keine Gnade? ... 73
Kinder, lasset uns besingen ... 86 f.
Kopf und Herz 167
Kränzchen 157
Kritik des Herzens 67 bis 110
Künftig 143

Lache nicht 192
Lache nicht, wenn mit den Jahren ... 192
Lange warst du im Gedrängel ... 215 f.
Laß doch das ewge Fragen ... 74
Laß ihn 146
Lebensfahrt 215 f.
Leider! 242
Liebesglut 17 f.
Lied eines versimpelten Junggesellen 13 f.
Lieder eines Lumpen 19 ff., 248

Man ist ja von Natur kein Engel ... 177
Man sagt, ein Schnäpschen, insofern ... 224 f.
Man wünschte sich herzlich gute Nacht ... 71
Mein Freund, an einem Sonntagmorgen ... 72
Mein Herz, sei nicht beklommen ... 233
Mein Kind, es sind allhier die Dinge ... 130
Mein kleinster Fehler ist der Neid ... 101
Mein Lebenslauf ist bald erzählt ... 240
Mein Sohn, hast du allhier auf Erden ... 175
Metaphern der Liebe 47 ff.
Mich wurmt es, wenn ich nur dran denke ... 73 f.
Miezel, eine schlaue Katze ... 207 f.
Modern 135

Nachbar Nickel ist verdrießlich ... 204
Nachdem er am Sonntagmorgen ... 208
Nachruhm 155
Nahmst du in diesem großen Haus ... 138
Nicht artig 177
Nicht beeidigt 158
Niemals 136
Nirgend sitzen tote Gäste ... 154
Noch zwei? 173
Nörgeln 149
Nörgeln ist das Allerschlimmste ... 149
Nun, da die Frühlingsblumen wieder blühen ... 107 f.

Oben und unten 226
Ob er gleich von hinnen schied ... 155
Obgleich die Welt ja, sozusagen ... 242

O du, die mir die Liebste war... 110
Oft ist das Denken schwer, indes... 243
Oh, komm herbei, du goldne Zeit... 143
O Madrid, ich muß dich hassen... 25 ff.
»Ossa Sepia, Ossa Sepia...« 7 ff.

Papa, nicht wahr... 148
Peinlich berührt 236 f.
Pfannekuchen und Salat 164 ff.
Plaudertasche 200
Pst! 162 f.

Querkopf 172 f.

Rechthaber 151
Reicht den Becher in die Runde... 12 f.
Reue 181 f.
Röschen 206 f.
Rötlich dämmert es im Westen... 160 f.
Romanze vom Ritter Ossa Sepia 7 ff.
Rührend schöne Herzgeschichten... 139

Sag Atome, sage Stäubchen... 214 f.
Sag nie bestimmt: Es wird erreicht!... 243
Sag, wie wär es, alter Schragen... 64
Sahst du das wunderbare Bild von Brouwer?... 96
Sahst du noch nie die ungemeine... 139
Scheint dir auch mal das Leben rauh... 243
Schein und Sein 130
Scheu und treu 171
Schlußchor 65 f.
Schnell wachsende Keime welken geschwinde... 142
Schon recht. Du willst als Philosoph... 143
Schon viel zu lang... 161 f.
Schreckhaft 208
Schreckliche Folgen eines Bleistifts 25 ff.
Seelenwanderung 14 f., 162
Sehnsucht 161 f.
Sehr schlecht befand sich Mutter Klöhn... 234
Sehr tadelnswert ist unser Tun... 78
Seid mir nur nicht gar so traurig... 107
Sei ein braver Biedermann... 68
Sei es freundlich, sei es böse... 171
Seine Meinung ist die rechte... 151
Seitdem du mich so stolz verschmäht... 18
Seit ich das liebe Mädchen sah... 22 f.
Selig sind die Auserwählten... 92
Sie hat nichts und du desgleichen... 96 f.
Sie ist ein reizendes Geschöpfchen... 158

261

Sie liebt mich nicht. Nun brennt mein Herz . . . 17 f.
Sie stritten sich beim Wein herum . . . 93
Sie war ein Blümlein hübsch und fein . . . 105
So ist's in alter Zeit gewesen . . . 242
Solange Herz und Auge offen . . . 242
Sommer. Sonntag. Sonnenschein . . . 9 f.
So nicht 140
Sonst und jetzt 176
So und so 133
So war's 135
Spare deine guten Lehren . . . 136
Spatz und Schwalben 225
Stark in Glauben und Vertrauen . . . 166
Stiftungslied 12 f.
Stoffel hackte mit dem Beile . . . 201 f.
Strebsam 175
Strebst du nach des Himmels Freude . . . 102
Suche nicht apart zu scheinen . . . 173 f.
Summa summarum 64

Teufelswurst 219
Trauriges Resultat einer vernachlässigten Erziehung 30 ff.
Tröstlich 150, 204
Tugend will, man soll sie holen . . . 226

Überliefert 190
Um acht, als seine werte Sippe . . . 217 f.
Ums Paradies ging eine Mauer . . . 140
Unbeliebtes Wunder 127 ff.
Unberufen 157
Unbillig 138
Und derweil ich eben schwitze . . . 48
Unfrei 151 f.
Ungenügend 171
Unter all den hübschen Dingen . . . 179 f.
Unverbesserlich 187 f.

Verfrüht 148
Vergeblich 143
Verlust der Ähnlichkeit 224 f.
Versäumt 143 f.
Verstand und Leidenschaft 188 f.
Vertraut 149 f.
Verwunschen 170
Verzeihlich 140
Von einer alten Tante . . . 22
Von Fruchtomletts da mag berichten . . . 164 ff.
Von selbst 136
Vor Jahren waren wir mal entzweit . . . 75

Wärst du ein Bächlein, ich ein Bach ... 101
Wärst du wirklich so ein rechter ... 105 f.
Wahrlich, sagte meine Tante ... 216 f.
Wanderlust 134
Was er liebt, ist keinem fraglich ... 199 f.
Was fällt da im Boskettgesträuch ... 134
Was ist die alte Mamsell Schmöle ... 79
Was man besonders gerne tut ... 243
Was mit dieser Welt gemeint ... 65 f.
Wassermuhmen 144
Was soll ich nur von eurer Liebe glauben? ... 89
Was tat ich ihr zuliebe nicht?! ... 23 f.
Weh, wer ohne rechte Mittel ... 141
Welche Augen! Welche Miene! ... 74
Wem's in der Unterwelt zu still ... 188
Wenn alles sitzen bliebe ... 77
Wenn andre klüger sind als wir ... 243
Wenn die Tante Adelheide ... 156
Wenn Einer, der mit Mühe kaum ... 123
Wenn ich dereinst ganz alt und schwach ... 95
Wenn man sich einander kennet ... 60
Wenn man von dem Lohn der Tugend ... 54
Wenn mir mal ein Malheur passiert ... 102
Wer andern gar zu wenig traut ... 135 f.
Wer Bildung hat, der ist empört ... 187 f.
Wer einsam ist, der hat es gut ... 223 f.
Wer möchte diesen Erdenball ... 83 f.
Wer nicht will, wird nie zunichte ... 147
Widmung in einem Kochbuch 244 f.
Wie andre, ohne viel zu fragen ... 232
Wiedergeburt 147
Wie dunkel ist der Lebenspfad ... 179
Wie ein Kranker, den das Fieber ... 144
Wie es scheint, ist die Moral ... 167
Wie hat sich sonst so schön der Hahn ... 172
Wie ist mir stets der Sonntag doch ... 248
Wie kam ich nur aus jenem Frieden ... 152
Wie klein ist das, was einer ist ... 243
Wie liegt die Welt so frisch und tauig . 149 f.
Wie man Obstauflauf macht 62
Wie St. Korbinianus nach Jerusalem wallfahrten ging ... 16 f.
Wie schad, daß ich kein Pfaffe bin ... 104
Wie standen ehedem die Sachen ... 176
Wie üblich 173 f.
Will das Glück nach seinem Sinn ... 244
Willst du gelobt sein, so verzichte ... 158
Wirklich, er war unentbehrlich! ... 78
Wo du bist und wo ich sei ... 61
Woher, wohin? 131

Wohl tausendmal schon ist er hier ... 162
* Wonach du sehnlich ausgeschaut ... 136
Wo sich Ewigkeiten dehnen ... 131
Würde deiner Augen Sonne ... 48 f.

Zauberschwestern 160
Zu gräßlich hat er mich geneckt ... 146
Zu guter Letzt 153 bis 232
Zu gut gelebt 222 f.
* Zum Geburtstag 129 f.
Zum Neujahr 115 ff.
* Zu Neujahr 244
Zu Olims Zeit, auf der Oase ... 190
Zur Arbeit ist kein Bub geschaffen ... 143 f.
Zur Schenke lenkt mit Wohlbehagen ... 133
Zu zweit 226 f.
Zwei Jungfern 150
Zwei Jungfern gibt es in Dorf und Stadt ... 150
Zwei Knaben, Fritz und Ferdinand ... 186 f.
Zwei mal zwei gleich vier ist Wahrheit ... 137
Zwei Stammbuchverse 60 f.
Zwiefach sind die Phantasien ... 160
Zwischen diesen zwei gescheiten ... 90

Lyrik im Diogenes Verlag

● Alfred Andersch
empört euch der himmel ist blau
Gedichte und Nachdichtungen 1946–1977
Pappband

● Charles Baudelaire
Die Blumen des Bösen
Gedichte. Deutsch von Terese Robinson
detebe 20999

● Gottfried Benn
Ausgewählte Gedichte
Herausgegeben und mit einem Nachwort von Gerd Haffmans. detebe 20099

● Rainer Brambach
Auch im April
Gedichte. Leinen

Kneipenlieder
Mit Frank Geerk und Tomi Ungerer. Erheblich erweiterte Neuausgabe
detebe 20615

Wirf eine Münze auf
Gedichte. Mit einem Nachwort von Hans Bender. detebe 20616

● Wilhelm Busch
Gedichte
Herausgegeben, mit Anmerkungen und einem Nachwort von Friedrich Bohne
detebe 20107

● Dorn im Ohr
Das lästige Liedermacherbuch. Mit Texten von Wolf Biermann bis Konstantin Wecker. Herausgegeben und kommentiert von Bernhard Lassahn. detebe 20617

● Geh aus, mein Herz, und suche Freud
Die Jahreszeiten, gepriesen von Matthias Claudius bis Gottfried Keller, gezeichnet von Ludwig Richter. Herausgegeben von Anton Friedrich. Diogenes Evergreens

● Johann Wolfgang Goethe
Liebesgedichte
Ausgewählt von Gerda Lheureux und Fritz Eicken. Mit Illustrationen
Diogenes Evergreens

Gedichte I
detebe 20437

Gedichte II
Gedankenlyrik / Westöstlicher Diwan
detebe 20438

● Heinrich Heine
Gedichte
Ausgewählt, kommentiert und eingeleitet von Ludwig Marcuse. detebe 20383

● Otto Jägersberg
Wein, Liebe, Vaterland
Gesammelte Gedichte. Broschur

● Juan Ramón Jiménez
Herz, stirb oder singe
Gedichte, spanisch und deutsch. Auswahl und Übertragung von Hans Leopold Davi. Mit Zeichnungen von Henri Matisse
detebe 20388

● Die allerliebsten Kätzchen
Die schönsten Katzengedichte, ausgewählt von Anne Schmucke. Mit Zeichnungen von Tomi Ungerer. Diogenes Evergreens

● Norbert C. Kaser
jetzt mueßte der kirschbaum bluehen
Gedichte, Tatsachen und Legenden, Stadtstiche. Herausgegeben von Hans Haider
detebe 21038

● Hermann Kükelhaus
»... ein Narr der Held«
Gedichte in Briefen. Herausgegeben und mit einem Vorwort von Elizabeth Gilbert
detebe 21339

● Bernhard Lassahn
Ohnmacht und Größenwahn
Lieder und Gedichte. detebe 21043

● Deutsche Liebesgedichte
Die hundert schönsten deutschen Liebesgedichte von Walther von der Vogelweide bis Gottfried Keller. Ausgewählt von Christian Strich. Mit Illustrationen von Ludwig Richter. Diogenes Evergreens

● Moderne deutsche Liebesgedichte
Von Stefan George bis zur Gegenwart. Herausgegeben von Rainer Brambach
detebe 20777

● Christian Morgenstern
Alle Galgenlieder
detebe 20400

● Wilhelm Müller
Die Winterreise und
Die schöne Müllerin
Mit Illustrationen von Ludwig Richter
Diogenes Evergreens

● Oft bin ich schon im Traume dort
Deutschsprachige Dichter und Dichterinnen in ihren letzten Versen. Herausgegeben und eingeleitet von Jutta Rosenkranz
Diogenes Evergreens

● William Shakespeare
Sonette
Deutsch und englisch. Nachdichtung von Karl Kraus. Mit einem Aufsatz aus der ›Fackel‹: ›Sakrileg an George oder Sühne an Shakespeare?‹. detebe 20381

● Walther von der Vogelweide
Liebsgetön
Minnelieder, frei übertragen von Karl Bernhard. Diogenes Evergreens

● Walt Whitman
Grashalme
Nachdichtung von Hans Reisiger. Mit einem Essay von Gustav Landauer. detebe 21351

● Wolf Wondratschek
Die Einsamkeit der Männer
Mexikanische Sonette. Lowry-Lieder
Gebunden. Auch als detebe 21340

Carmen
oder bin ich das Arschloch der achtziger Jahre.
Broschur

● Das Schatzkästlein der schönsten deutschen Gedichte
12 Bände mit Gedichten von Wilhelm Busch, Matthias Claudius, Joseph von Eichendorff, Theodor Fontane, Johann Wolfgang von Goethe, Heinrich Heine, Gottfried Keller, Eduard Mörike, Friedrich Schiller, Walther von der Vogelweide u.v.a. mini-detebe 79535

Die großen Unbequemen in Wort und Bild bei Diogenes

● **Arthur Schopenhauer**
Zürcher Ausgabe
Studienausgabe der Werke in zehn Bänden nach der historisch-kritischen Edition von Arthur Hübscher. detebe 20421–20430

● **Friedrich Nietzsche**
Vom Nutzen und Nachteil der Historie für das Leben
Herausgegeben und mit einem Nachwort von Michael Landmann. detebe 21196

● **Albert Einstein & Sigmund Freud**
Warum Krieg?
Ein Briefwechsel. Mit einem Essay von Isaac Asimov. detebe 20028

● **Ludwig Marcuse**
Philosophie des Un-Glücks
detebe 20219

Das Märchen von der Sicherheit
Herausgegeben und eingeleitet von Harold von Hofe. detebe 20303

Essays, Porträts, Polemiken
Gesammelt, ausgewählt und vorgestellt von Harold von Hofe. Leinen

Briefe von und an Ludwig Marcuse
Herausgegeben und eingeleitet von Harold von Hofe. Leinen

Der Philosoph und der Diktator
Plato und Dionys. detebe 21159

Obszön
Geschichte einer Entrüstung. detebe 21158

Herausgegeben von Ludwig Marcuse:
Ein Panorama europäischen Geistes
Texte aus drei Jahrtausenden. Herausgegeben von Ludwig Marcuse, in 3 Bänden
I. Von Diogenes bis Plotin
II. Von Augustinus bis Hegel
III. Von Karl Marx bis Thomas Mann
detebe 21168

● **Das Günther Anders Lesebuch**
Herausgegeben von Bernhard Lassahn. detebe 21232

● **Konrad Farner**
Theologie des Kommunismus?
detebe 21275

● **Willy Brandt**
»...wir sind nicht zu Helden geboren«
Ein Gespräch über Deutschland mit Birgit Kraatz. Broschur

● **Alfred Andersch**
Öffentlicher Brief an einen sowjetischen Schriftsteller, das Überholte betreffend
Reportagen und Aufsätze. detebe 20398

Ein neuer Scheiterhaufen für alte Ketzer
Kritiken und Rezensionen. detebe 20594

Das Alfred Andersch Lesebuch
Herausgegeben von Gerd Haffmans
detebe 20695

● **Friedrich Dürrenmatt**
Der Winterkrieg in Tibet
Stoffe I. detebe 21155

Mondfinsternis / Der Rebell
Stoffe II/III. detebe 21156

Philosophie und Naturwissenschaft
Essays, Gedichte und Reden. detebe 20858

Politik
Essays, Gedichte und Reden. detebe 20859

Zusammenhänge/Nachgedanken
Essay über Israel. detebe 20860

● **Hans Wollschläger**
Die Gegenwart einer Illusion
Reden gegen ein Monstrum. detebe 20576

Die bewaffneten Wallfahrten gen Jerusalem
Geschichte der Kreuzzüge. detebe 20082

● **Hans Jürgen Syberberg**
Der Wald steht schwarz und schweiget
Neue Notizen aus Deutschland. Broschur

● **Gustave Flaubert**
Briefe
Ausgewählt, kommentiert und aus dem Französischen übersetzt von Helmut Scheffel. detebe 20386

Bouvard und Pécuchet
Roman. Deutsch von Erich Marx
detebe 20725

● **Ernest Renan**
Das Leben Jesu
detebe 20419

● **Henry David Thoreau**
Walden oder Leben in den Wäldern
Aus dem Amerikanischen von Emma Emmerich und Tatjana Fischer. Vorwort von W. E. Richartz. detebe 20019

Über die Pflicht zum Ungehorsam gegen den Staat
Ausgewählte Essays. Herausgegeben, übersetzt und mit einem Nachwort von Walter E. Richartz. detebe 20063

● **Oscar Wilde**
Der Sozialismus und die Seele des Menschen
Ein Essay. Aus dem Englischen von Gustav Landauer und Hedwig Lachmann
detebe 20003

● **D. H. Lawrence**
Liebe, Sex und Emanzipation
Essays. Aus dem Englischen von Elisabeth Schnack. detebe 20955

● **Liam O'Flaherty**
Ich ging nach Rußland
Ein politischer Reisebericht. Aus dem Englischen von Heinrich Hauser. detebe 20016

Farm der Tiere
Ein Märchen. Neu aus dem Englischen übersetzt von Michael Walter. Mit Zeichnungen von Friedrich Karl Waechter
Diogenes Evergreens. Auch als
detebe 20118

● **George Orwell**
Erledigt in Paris und London
Sozialreportage. Deutsch von Alexander Schmitz. detebe 20533

Im Innern des Wals
Ausgewählte Essays I. Deutsch von Felix Gasbarra. detebe 20213

Der Weg nach Wigan Pier
Sozialreportage von 1936. Deutsch von Manfred Papst. detebe 21000

Rache ist sauer
Ausgewählte Essays II. Deutsch von Felix Gasbarra. detebe 20250

Mein Katalonien
Bericht über den Spanischen Bürgerkrieg. Deutsch von Wolfgang Rieger. detebe 20214

Das George Orwell Lesebuch
Herausgegeben und mit einem Nachwort von Fritz Senn. Deutsch von Tina Richter.
detebe 20788

● **Andrej Sacharow**
Wie ich mir die Zukunft vorstelle
Memorandum über Fortschritt, friedliche Koexistenz und geistige Freiheit. Aus dem Russischen von E. Guttenberger. Mit einem Nachwort von Max Frisch. detebe 20116

Ohne Illusionen
Interviews, Vorträge, Aufsätze. Deutsch von Alexander Rothstein. Leinen

Homo sovieticus
Roman. Deutsch von G. von Halle. Leinen

● **Alexander Sinowjew**
Gähnende Höhen
Aus dem Russischen von G. von Halle und Eberhard Storeck. Leinen

Kommunismus als Realität
Deutsch von Katharina Häußler
detebe 20963

Wir und der Westen
Interviews, Vorträge, Aufsätze. Deutsch von
Wera Rathfelder. detebe 20997

Lichte Zukunft
Deutsch von Franziska Funke und Eberhard
Storeck. Mit einer Beilage ›Über Alexander
Sinowjew‹ von Jutta Scherrer. detebe 21133

Deutsche Klassiker im Diogenes Verlag

● **Angelus Silesius**
Der cherubinische Wandersmann
Auswahl und Einleitung von Erich Brock
detebe 20644

● **Ulrich Bräker**
Gesammelte Werke in 2 Bänden
Herausgegeben von Samuel Voellmy und Heinz Weder. Vorwort von Hans Mayer.
detebe 20581–20582

● **Wilhelm Busch**
Schöne Studienausgabe in 7 Bänden
Herausgegeben von Friedrich Bohne
detebe 20107–20113

Das Wilhelm Busch Bilder- und Lesebuch
Ein Querschnitt durch das Werk. Herausgeben von Gerd Haffmans. detebe 20391

● **Meister Eckehart**
Deutsche Predigten und Traktate
Herausgegeben von Josef Quint
detebe 20642

● **Theodor Fontane**
Gedichte · Erinnerungen · Aufsätze
Nachwort von Kurt Tucholsky
detebe 21074

Schach von Wuthenow · L'Adultera · Stine
Drei Romane. Nachwort von Werner Weber
detebe 21075

Irrungen Wirrungen · Frau Jenny Treibel
Zwei Romane. Nachwort von Otto Brahm
detebe 21076

Effi Briest
Roman. Nachwort von Max Rychner
detebe 21077

Der Stechlin
Roman. Nachwort von Thomas Mann
detebe 21073

● **Geh aus, mein Herz, und suche Freud**
Frühlings-, Sommer-, Herbst- und Wintergedichte von Matthias Claudius bis Gottfried Keller. Mit Zeichnungen von Ludwig Richter. Herausgegeben von Anton Friedrich. Diogenes Evergreens

● **Goethe**
Liebesgedichte
Ausgewählt von Gerda Lheureux und Fritz Eicken. Mit Illustrationen
Diogenes Evergreens

Gedichte I
detebe 20437

Gedichte II
Gedankenlyrik / Westöstlicher Diwan
detebe 20438

Faust
Der Tragödie erster und zweiter Teil
detebe 20439

Die Leiden des jungen Werther
Roman. detebe 21366

● **Jeremias Gotthelf**
Ausgewählte Werke in 12 Bänden
Herausgegeben von Walter Muschg
detebe 20561–20572

Der Bauernspiegel
oder Lebensgeschichte des Jeremias Gotthelf. Von ihm selbst beschrieben. Mit einem Essay von Walter Muschg. detebe 21407

Als Ergänzungsband liegt vor:

Keller über Gotthelf
detebe 20573

● **Brüder Grimm**
Märchen der Brüder Grimm
Ausgewählt von Lore Segal und Maurice Sendak. Mit Zeichnungen von Maurice Sendak. detebe 21350

● **Wilhelm Hauff**
Lichtenstein
Romantische Sage aus der württembergischen Geschichte. Mit einem Nachwort von Friedrich Pfäfflin. detebe 21448

● **Heinrich Heine**
Gedichte
Ausgewählt, eingeleitet und kommentiert von Ludwig Marcuse. detebe 20383

● **Gottfried Keller**
Zürcher Ausgabe
Gesammelte Werke in 8 Bänden. Herausgegeben von Gustav Steiner
detebe 20521–20528

Als Ergänzungsband liegt vor:

Über Gottfried Keller
Herausgegeben von Paul Rilla
detebe 20535

● **Deutsche Liebesgedichte**
von Walther von der Vogelweide bis Gottfried Keller. Auswahl von Christian Strich. Mit Zeichnungen von Ludwig Richter
Diogenes Evergreens

● **Conrad Ferdinand Meyer**
Jürg Jenatsch / Der Heilige
Herausgegeben von Gustav Steiner
Mit einem Essay von Hans Mayer
detebe 20965

● **Christian Morgenstern**
Alle Galgenlieder
Fotomechanischer Nachdruck der Erstausgabe 1932. detebe 20400

● **Wilhelm Müller**
*Die Winterreise und
Die schöne Müllerin*
Mit Illustrationen von Ludwig Richter
Diogenes Evergreens

● **Friedrich Nietzsche**
Vom Nutzen und Nachteil der Historie für das Leben
Herausgegeben und mit einem Nachwort von Michael Landmann. detebe 21196

● **Arthur Schopenhauer**
Zürcher Ausgabe
Volks- und Studienausgabe in 10 Bänden. Nach der historisch-kritischen Edition von Arthur Hübscher. Editorische Materialien von Angelika Hübscher.
detebe 20421–20430

Als Ergänzungsband liegt vor:

Über Arthur Schopenhauer
Herausgegeben von Gerd Haffmans
detebe 20431

● **Walther von der Vogelweide**
Liebsgetön
Minnelieder, frei übertragen von Karl Bernhard. Diogenes Evergreens

● **Das Diogenes Lesebuch klassischer deutscher Erzähler**

Band I
Geschichten von Wieland bis Kleist. Mit einem Nachwort von Arthur Schopenhauer
detebe 20727

Band II
Geschichten von Grimm bis Hauff
detebe 20728

Band III
Geschichten von Mörike bis Busch. Mit einem Nachwort von Fritz Mauthner
detebe 20669

● **Das Diogenes Lesebuch deutscher Balladen**
von Johann Gottfried Herder bis Erich Kästner. Herausgegeben von Christian Strich
detebe 20923

● **Das Neue Testament**
in 4 Sprachen: Lateinisch, Griechisch, Deutsch (Luther) und Englisch (King James Bible). detebe 20925